Sabine Adatepe (Hg.)
Gezi – Eine literarische Anthologie

Gezi – Eine literarische Anthologie

Herausgegeben und mit einem Vorwort von Sabine Adatepe

Aus dem Türkischen von Sabine Adatepe und Monika Demirel

Diese Publikation erscheint mit freundlicher Unterstützung der S. Fischer Stiftung

S . F I S C H E R
S T I F T U N G

Deutsche Erstausgabe
© 2014 binooki OHG, Berlin
www.binooki.com
www.gezi-anthologie.de
Alle Rechte vorbehalten

1. Auflage 2014

Satz und Lektorat: Erhard Waldner
Layout: Kai Wels
Umschlaggestaltung: Josephine Rank
Fotos © Selen Özer Günday

Druck: Concept Medienhaus GmbH, Berlin
Printed in Germany
ISBN 978-3-943562-40-8

Inhalt

Der Geist ist aus der Flasche

Ende Mai 2013 ging es zunächst darum, Bäume in einem zentralen Istanbuler Park zu schützen. Rasch wurden aus wenigen Protestierenden viele. Je brutaler die Polizei vorging und je unversöhnlicher die Stimmen aus dem Regierungslager tönten, desto mehr Menschen empörten und solidarisierten sich, gingen auf die Straße und strömten auf den unmittelbar an den Park grenzenden Taksim-Platz. Unversehens verwandelte sich die kleine Gruppe von Umweltschützern und Stadtfreunden in eine breite Bewegung, wie die Türkei sie in dieser Vielfalt nie erlebt hatte: **Gezi**. Der Name des Parks ist heute Synonym und Symbol für die junge türkische Protest- und Demokratiebewegung, die mit neuen Methoden und Stimmen ein Forum für alle bildete. Gelebte Vielfalt zeigte, was möglich ist: friedlicher Widerstand und humorvoller Protest, Aufbruch und Umbruch, gleichberechtigte Gemeinschaft und Selbstbestimmung, Solidarität und Toleranz, eine neue Stimmung der Furchtlosigkeit. Die in den vergangenen dreißig Jahren etablierte lähmende Angst war vorbei. »Der Geist ist aus der Flasche«, meint nicht allein unser Autor Murat Uyurkulak. Und die Demonstrationen und Kundgebungen in den Folgemonaten, u.a. gegen Korruption, gegen Internet-Zensur, gegen das ungebrochen autoritäre Gebaren der Regierung, aus Empörung und Trauer über den Tod des bei Gezi verwundeten und nach neun Monaten im Koma gestorbenen 15-jährigen Berkin, geben ihm recht. Es ging ursprünglich nicht um den Sturz der Regierung, auch wenn die Forderung nach Rücktritt bald zum Fächer der Parolen gehörte, es ging und geht vor allem um den Wunsch nach Veränderung der politischen Kultur und damit der Gesellschaft an sich.

Gezi steht heute, ein Jahr danach, stellvertretend für diese Utopie und ist eine zugleich wehmütige und hoffnungsvolle Erinnerung an die Erfahrung, wie Zusammenleben ohne Staat funktionieren kann, dass es keiner Organisation von oben bedarf und Unterschiede nicht nivelliert werden müssen, um gemeinsam etwas auf die Beine zu stellen und respektvoll miteinander umzugehen. Doch es hat auch Tote gegeben, Verletzte und Verletzungen, Kummer und Niederlagen. Romantische Revolutionsrhetorik, wie sie in den heißen Tagen des Widerstands aufstrahlte, ist in der Rückschau in den Hintergrund gerückt. Sicher ist Gezi nicht gescheitert, schon weil es in erster Linie ein Prozess ist, ein Feuer, das durch den Protestfunken im Park entfacht wurde, doch dem Enthusiasmus des Aufbruchs folgte eine Phase der Ernüchterung, auch der Enttäuschung. Und diese emotionale Dürreperiode ist es, aus der heraus die meisten unserer Autorinnen und Autoren ihre Texte für uns zu Papier brachten.

Kann Literarisches entstehen, wenn noch Rauch aufsteigt? Literatur braucht Zeit zum Reifen, Schriftsteller brauchen Abstand, um aktuelles Geschehen literarisch zu verarbeiten. »In zehn, fünfzehn Jahren wird sich das Geschehen von selbst in unseren Texten widerspiegeln«, sagt Hakan Günday. »Niemand wird jemals wieder so tun können, als wäre nichts geschehen.«

Dennoch baten wir schon jetzt Autorinnen und Autoren, die alle unmittelbar in die Gezi-Proteste involviert waren und explizit Position bezogen hatten, an unserem Experiment einer literarischen Anthologie Gezi mitzuwirken – und stießen sofort auf umwerfend positive Resonanz. Die einundzwanzig Texte entstanden innerhalb eines Zeitraums von neun Monaten während und nach der heißen Phase im Park, sie entspringen dem unmittelbaren Erleben, dem Wunsch nach Nachhaltigkeit, der intellektuellen Reflektion. Manche sind leichter in die Tastatur geflossen, andere mit Seelenqualen abgerungen, alle sind spürbar von einer Ehrlichkeit geprägt, die so wenig etwas schönfärben wie etwas herabwürdigen will. Unser Panorama spiegelt Kern, Motivation und Dynamik der Gezi-Bewegung in ihrer ganzen Diskursvielfalt wider: Sanftmut und Aggression, Romantik und Intellektualität, Hoffnung und Enttäuschung.

Alle Facetten der Gezi-Bewegung kann auch eine Anthologie nicht abdecken. Ebenso lassen sich Wiederholungen einzelner Motive nicht vermeiden. Erstaunlich ist dennoch, wie viele Aspekte von Gezi wir im Rahmen der Anthologie einfangen konnten, es gibt Bekanntes zu erinnern und Neues zu entdecken. Gezi lebte maßgeblich davon, dass jeder sich auf seine Art, nach seinem Vermögen und eigenem Gutdünken einbrachte, ohne Vorschriften und Vorgaben, solidarisch und frei. Dieses Prinzip liegt auch unserer Anthologie zugrunde. So sind die Blätter, die unser Gezi-Baum trägt, ein buntes Mosaik literarisch gestalteter persönlicher Erlebnisse, fiktionaler Geschichten, fiktiver Dialoge, romantischer und kritischer Gedichte und vier sehr unterschiedlicher Essays.

Unseren literarischen Reigen eröffnet eine Art politisches Manifest von dem Romancier und kulturpolitischen Essayisten **Burhan Sönmez**, es entstand unmittelbar im und aus dem Widerstand im Gezi-Park heraus und fängt die Atmosphäre und den Enthusiasmus des Anfangs ein.

Barış Uygur schickt seinen sympathischen Ermittler Süreyya Sami auf der Suche nach der verschollenen Tochter von Alâeddin, dem Inhaber seines Stammteehauses, auf ein Polizeirevier, auf den Taksim-Platz und in ein Krankenhaus. Das Mädchen wird gefunden, aber es wird auch hautnah erfahren, wie die Polizei mit den blutjungen Protestierenden umgeht.

Der junge Satiriker **Fırat Budacı** beschreibt die Zerrissenheit eines jugendlichen Aktivisten zwischen Protest und Zweisamkeit.

Nermin Yıldırım, unsere jüngste Autorin, hat sich mit einfühlsamen Portraits heikler Familienkonstellationen einen Namen gemacht und vollzieht am Beispiel einer Mutter nach, wie es geschehen konnte, dass breite Bevölkerungskreise, denen nichts ferner lag, als gegen die Regierung auf die

Straße zu gehen, geradezu zwangsläufig in die Bewegung hineingerieten.

Die Erzählerin **Gaye Boralıoğlu** beobachtet aus der Position einer Schaufensterpuppe, wie sich

In einem zweiten Text verschmilzt **Burhan Sönmez** essayistische mit erzählerischen Elementen und stellt über ein Buch aus der im Park eingerichteten Gezi-Bibliothek die Verbindung zwi-

»... er ist ein Weg, um dem Sultan zu sagen, dass er nicht machen kann, was er will ...«

die Demonstrationen entwickeln, und stellt die Frage, die Millionen zögerlicher Beobachter sich gestellt haben mögen: Soll ich mich mitreißen lassen und den Schritt ins selbstbestimmte Leben wagen?

Der Fantasy-Spezialist **Barış Müstecaplıoğlu** verlegt in seiner märchenhaften Erzählung die Bewegung in ein allegorisches Reich mit Schamanen und Fabelwesen, sein »Farbengarten« ist »nicht nur ein Garten, er ist ein Weg, um dem Sultan zu sagen, dass er nicht machen kann, was er will«.

Mit einer so realistischen wie ungewohnten Perspektive überrascht **Suzan Geridönmez**. Dass nicht alle, die im Park dabei waren, lautere Motive hatten, bleibt beim Blick von außen oft unbeachtet, für die Protestierenden war es alltägliche Realität.

schen Widerstand und Weltliteratur her.

Murat Menteş, der seinen Job bei einer regierungsnahen Zeitung verlor, weil er sich pro-Gezi positionierte, bringt in seinem Dialog gleich beide Seiten zur Sprache: die tatendurstige Aktivistin und den bedächtigen Skeptiker, und verhilft der Bewegung nebenbei zu trittfestem Nachwuchs.

Die populäre Bestsellerautorin **Ayşe Kulin** lässt in einer bitteren Erzählung Bäume und Menschen der älteren Generation zu Wort kommen, die ungewollt in die Proteste hineinstolpern, deren Ziele sie allerdings von Herzen teilen. Der Polizeieinsatz trifft sie mit voller Wucht.

Die Grande Dame der türkischen politischen Literatur und Katzenfreundin **Oya Baydar** nimmt sich im Gezi-Park eines Kätzchens an und muss erleben, wie es trotz bester Pflege schlussendlich doch nach Selbstbestimmung und vor allem nach Hause strebt – wie die Aktivisten der Proteste auch.

Der wohl bekannteste türkische Krimiautor **Ahmet Ümit** arbeitete während der Gezi-Proteste an den letzten Seiten seines neuen Romans und nahm das Geschehen im Park flugs darin auf. Uns stellte er eine erste, sehr persönliche Version der Erzählung zur Verfügung, die später modifiziert zu einem Kapitel seines Romans wurde: Hier ist es der Autor selbst, der sich vom Schreibtisch weg in eine beinahe unheimlich anmutende Postprotest-Atmosphäre des Gezi-Parks hineinziehen lässt.

Kultautor **Murat Uyurkulak** gehört zu jenen, die schon an den ersten Tagen der Baumschützer-Proteste im Park dabei waren. Seinen ganzen Schmerz über den staatlichen Terror, der das Land seit Jahrzehnten überzieht, legte er anschließend in eine kurze Kolumne, die keinen Hoffnungsschimmer lässt.

Der mit allem, was er sagt und tut, aus dem Rahmen fallende Romancier **Hakan Günday** dagegen wirft einen Blick in die Zukunft und malt sich aus, wie das im Übermaß eingesetzte Reizgas Jahre später überraschend doch noch positive Auswirkungen zeitigen könnte.

Von unseren vier Gedichten, die alle zu oder für Gezi verfasst wurden, stammen zwei von etablierten Lyrikern und zwei vom poetischen Nachwuchs. Ein romantisch klingendes Gedicht mit zahlreichen Anspielungen ist dabei (**Cevat Ça-pan**), ein hoffnungsvoller Blick auf Gezi, auch wenn es sieben Leben kostete (**Turgay Fişekçi**), inzwischen sind es leider acht, ein Blick aus dem Dichteralltag (**Gökçenur Ç.**) und eine expressionistische, direkte Ansprache an den »Pascha« (**Janset Karavin**), wie sie in den Tagen von Gezi vielfach aus Kritik am autoritären Premierminister laut wurde.

Schon am 8. Juni 2013 fühlte sich unsere Autorin **Ayfer Tunç** genötigt, sich über die kurzen Statements in den sozialen Medien hinaus in einem offenen Brief zu ihrem Unbehagen an der Situation der Türkei im Allgemeinen und zu Gezi speziell zu erklären.

Karin Karakaşlı erzählt in ihrem Essay, was ihr den Platz zur »Heimat ihres Herzens« machte, sie ordnet die Bewegung in die gesellschaftliche Situation ein, erinnert auch an die Hetze der Gegenseite, um dann aber vor allem auf die Chancen der mit Gezi aufgekommenen neuen Sprache und bunten Vielfalt, die sie als Legierung versteht, hinzuweisen.

Humor und Ironie waren nie zuvor prägendes Merkmal von Widerstandsbewegungen, bei Gezi aber wurden sie neben Gewaltlosigkeit und Solidarität zu den stärksten Argumenten. **Barış Uygur**, aktiv in der Istanbuler Satire- und Karikaturszene, lässt sich in seinem Essay staunend auf die unerschöpfliche Kreativität der ganz Jungen ein, denen er selbst gerade erst entwachsen ist. Erklärungen für all die Bilder und Karikaturen liefert er nicht.

Auch dies ist ein Merkmal von Gezi: Statt langer erklärender Reden sprechen die Aktionen, Bilder und Texte für sich, wie auch die Menschen in der Türkei endlich für sich sprechen wollen und müssen.

Mein Dank gilt dem Binooki-Verlag für den Mut, der allgemeinen Tendenz von Reportage, Analyse und Erklärung entgegen eine literarische Anthologie angestoßen zu haben, und insbesondere all unseren Autorinnen und Autoren und der Fotografin **Selen Özer Günday**. Sie alle waren sogleich und ohne Wenn und Aber bereit mitzuwirken und stellten uns großzügig ihre Arbeiten zur Verfügung. Einfach, weil auch sie vom Geist von Gezi infiziert sind.

Sabine Adatepe
April 2014

»Niemand wird jemals wieder so tun können, als wäre nichts geschehen.«

Hakan Günday

»*Selbst wenn wir unterliegen, den Geschmack von Aufstand haben wir nun auf der Zunge.*«

Burhan Sönmez

Ästhetik des Widerstands

1 Wo es besonders finster ist, strahlen die Sterne noch einmal so schön. Gegen die Finsternis in diesem Land strahlen nun überall Sterne.

2 Die Straßenkinder in der Umgebung des Taksim-Platzes fragen, wie lange der Protest noch dauert. Die Solidarität beim Widerstand sorgt dafür, dass sie genug zu essen bekommen. Die Regierung achtet darauf, dass im Umkreis von einhundert Metern um Moscheen herum kein Alkohol getrunken wird; dass aber in demselben Umkreis Menschen hungern, kümmert sie nicht.

3 Historische Ereignisse verwurzeln sich mit ihren bleibenden Eigenschaften im Gedächtnis. Das Leben, wie es in nur zwei Wochen im Gezi-Park gestaltet wurde, legt die Saat für eine Utopie.

4 Alles geschieht gemeinsam, alle sind frei. Niemand schreibt niemandem etwas vor, jeder ist mit seinen Farben auf seine Weise dabei. Wenn antikapitalistische Muslime beten, werden sie von Atheisten geschützt. Kurden tanzen Halay, Aleviten Semah, Türken singen Märsche. Sozialisten, Aktivisten der LGBT-Bewegung, Anhänger der Fußballfanclubs Çarşı, Fener und Cimbom engagieren sich, haben Spaß, kümmern sich umeinander. Die Freiheit eines Menschen wird zur Freiheit aller.

5 Niemand ist bedürftig, alle Menschen sind gleich. Jeder bringt mit, was er übrig hat, und jeder nimmt, was er braucht. Es gibt kein Geld, kein Eigentum und keinen Hunger mehr.

6 Im Gezi-Park erleben wir, wie es ohne Staat funktioniert. Es ist ein Geschenk des Lebens an uns zu sehen, wie glücklich, vernünftig und anständig die Menschen dort sind, wo der Staat nicht ist.

8 Harte Kämpfer kann der Staat besiegen. Gegen Humor und Fröhlichkeit aber haben die Mächtigen keine Waffen. Darum sind sie hilflos. Lügen haben ausgedient.

7 Zum ersten Mal in unserer Geschichte werden Humor und Freude zur Sprache von Protest und Widerstand. Früher leisteten Oppositionelle erbittert Widerstand und nahmen dafür den Tod in Kauf, jetzt aber artikulieren wir uns in einer humorvollen, kreativen Sprache, die weiter reicht als scharfe Reden.

9 Die Pariser Kommune dauerte 72 Tage. Wir setzten dieselben Prinzipien in zwei Wochen um. Als die Kommune zerschlagen wurde, diskutierten bürgerliche Intellektuelle ihre Widersprüche, Schwachpunkte und Fehler. Marx dagegen verwies auf die von der Kommune in die Zukunft getragenen Werte: Eigentum und Ausbeutung sind überwunden und das Tor zur direkten Demokratie ist aufgestoßen.

10 Zwei Dinge hat Scheich Bedreddin uns vermacht: Erstens schloss er sich dem Volksaufstand an, zweitens war er von gleichberechtigtem Zusammenleben überzeugt. Thomas Morus' *Utopia* und Ibn Tufails *Der Lebende, Sohn des Wachenden* teilen denselben Traum. Diesen Traum tragen auch wir.

11 Wir zeigen den Menschen etwas Schönes, weisen mit ausgestrecktem Zeigefinger darauf hin. Doch die Regierung und ihre Sprecher schauen nicht auf das, was wir zeigen, sondern auf unseren Finger und verleumden uns. Sie wollen Streit unter uns säen, um uns zu schwächen. Wir aber insistieren: Schaut nicht auf unseren Finger, schaut auf das, was wir euch zeigen. Ihr werdet Bäume sehen und das Meer!

12 Wir mögen Rot und schützen Grün. Junge Leute, die das an die Mauern schrieben, gaben zum Gruß an einen toten Dichter einer Bushaltestelle den Namen »Haltestelle Himmelbetrachtung«.

13 Wir sind den jungen Menschen dankbar. In einem Augenblick der Verzweiflung waren sie da und bewahrten unsere Menschlichkeit vor dem Sturz in den Abgrund. Wer sie für egoistisch und dumm hielt, hat sich getäuscht. Sie gaben den elf Barrikaden, die sie in der Gümüşsuyu-Straße errichteten, Namen, eine benannten sie nach Abdullah Cömert, der letzte Woche ums Leben kam. Auf die letzte Barrikade unten am Meer schrieben sie dann in einer großen Geste in riesigen Lettern den Namen Deniz Gezmiş.

14 Allein sind wir niemand, vereint aber alles. Wenn wir nicht bekommen, was wir wollen, verwandelt die Finanzlobby unsere Stadt und unser Leben in eine Wüste. Geschichte besteht für sie entweder aus »Keramik« oder aus Rendite, anderes als Geld zählt für sie nicht.

15 Sie wollen, dass wir wie einst die Unschuldigen von Kerbela ohne Bäume und ohne Wasser dastehen. Wir wissen, dass sie einerseits um die Opfer von Kerbela weinen, andererseits aber mit dem Herrscher Yazid am selben Tisch sitzen. Deshalb verteidigen wir Wasser und Grün gegen die Wüste und das Leben gegen den Tod.

16 Sie sagen, öffentliches Eigentum werde beschädigt. Ist es keine Schädigung öffentlichen Eigentums, den Gezi-Park zu zerstören? Wir sind es, die friedlich für öffentliches Eigentum eintreten und sagen: Hände weg vom öffentlichen Eigentum!

17 Es geht nicht nur darum, etwas nicht zu wollen, sondern vor allem darum, etwas anderes zu wollen. Es herrschen freundschaftliche gegenseitige Hilfe und Solidarität. Jeder kann frei seine Meinung äußern. Hier ist der Mensch kein Kunde, hier ist er Mensch. Diese Überzeugung und Energie haben den Menschen dieses Landes einen Mehrwert gegeben, der sich an keinem Börsenindex messen lässt. Schon das wäre Grund genug, den Platz zur öffentlichen Schutzzone zu erklären.

18 »Vergessen wir nicht die Toten, wenn wir die Einwohner Istanbuls zählen«, mahnte einst ein Dichter. Auch im Namen der wunderbaren Menschen der Vergangenheit engagieren wir uns für unsere Stadt und unsere Zukunft. Heute legen wir die Saat in die Erde und hoffen, dass morgen die Ähren sprießen.

19 Den schönsten Spruch schrieben Jugendliche an die Mauern: »Selbst wenn wir unterliegen, den Geschmack von Aufstand haben wir nun auf der Zunge.«

20 Viel haben wir gelernt, alle vorangegangenen Formen von Protest und Widerstand und unsere Träume haben wir in eine neue Sprache übersetzt. Wir haben unsere Vergangenheit ins Reine geschrieben.

21

Hoffnung, Fantasie, Utopie! Hey, und Aufstand! Wie in dem Gedicht, das ein junger Mann auf dem Platz rezitierte: »In dir schrieben wir all unsere Liebesgeschichten ins Reine.«

Zeichnung:
Josesphine Rank

18

Barış Uygur

Versprochen
Eine Süreyya Sami-Geschichte

I

In der Angelegenheit, die mich tagelang beschäftigt hatte, waren all meine Bemühungen im Sande verlaufen. Mein Klient war im Begriff, das von der Familie geerbte Grundstück in einer prosperierenden Gegend Istanbuls zu verlieren, und erwartete von mir, dass ich sein Grundstück rettete, sei es mithilfe von Bestechung oder Schmiergeld oder durch eine großzügige Spende an eine von der Behörde ausgewählte karitative Stiftung. Seit einer Woche führte ich Gespräche mit den Verantwortlichen der kommunalen Baubehörde in Çınarlı, mit Mitgliedern des Stadtrats und Kommunalpolitikern der Regierungspartei, und ich musste unterm Strich einsehen, dass mein Klient praktisch keine Chance hatte, denn die Sache war wesentlich komplizierter, als sie aussah.

Laut Beschluss des Stadtrats sah man das Grundstück für den Bau einer Schule vor. Theoretisch musste nach einem solchen Beschluss meinem Klienten eine Enteignungsentschädigung gezahlt werden, aber der Vorgang wurde immer wieder verzögert. Der Gerüchteküche nach hatte ein Minister ein Auge auf das Grundstück geworfen. Aus diesem Grund würde das Grundstück, auf das nach heutigem Stand der Dinge nichts anderes als eine Schule gebaut werden durfte, meinem Klienten zu einer niedrigen Entschädigungssumme abgenommen, um es nach einer neuerlichen Änderung des Bebauungsplans zu Bauland für Wohnungsbau zu erklären, was wiederum seinen Wert auf das Zwanzigfache steigern würde. Ich konnte meinem Klienten nur das mitteilen, was ein Immobilienfritze, der seine Ohren überall hatte, mir erklärt hatte: »Es gibt kein Zurück. Das Grundstück wurde dem Minister längst versprochen.« Um es also auf den Punkt zu bringen: Mein Klient hatte keine andere Wahl, als auf das Entschädigungsangebot zu warten, das mit Sicherheit ein Spottpreis sein würde. Das Grundstück war dem Minister versprochen worden.

Nach dem Essen mit diesem hellhörigen Immobilienmakler kam ich ermattet zurück nach Zeytinburnu und warf mich mit meinen Klamotten aufs Bett. Es war ein heißer Maitag, und eine Decke brauchte ich eh nicht.

Gegen Mittag wachte ich auf. Ich musste mich regelrecht anstrengen, um zwei, drei von den versteinerten Oliven, die seit Ewigkeiten geduldig auf diesen Tag gewartet hatten, mit einer Scheibe trockenen Brots runterzuwürgen. Eigentlich hatte ich überhaupt keine Lust rauszugehen, aber in der Wohnung herrschte eine Höllenhitze, und so ging ich zu Alâeddins Teehaus auf der gegenüberliegenden Straßenseite. Kaum hatte ich mich an den Tisch auf dem Bürgersteig gesetzt, brachte Alâeddins Gehilfe Yusuf, der mich aus dem Appartmenthaus kommen gesehen hatte, mir auch schon meinen Tee.

»Guten Morgen, Yusuf«, sagte ich. »Hat der Boss heute frei?«

»Nein, Abi«, erwiderte er. »Er ist nach Taksim gegangen, du sollst ihn bitte anrufen!«

»In Ordnung, nach dem Tee rufe ich ihn an.«

Nach dem ersten Schluck steckte ich mir die erste Zigarette des Tages an.

Beim Hineingehen fragte Yusuf, ob er die Zeitung bringen sollte. »Na, wenn's sein muss«, sagte ich, als hätte ich nicht schon genug Sorgen.

Yusuf brachte mir einen Stapel Tageszeitungen, wo ich eigentlich wie üblich nur eine *Posta* erwartet hatte, deren Kreuzworträtsel von einem der Rentner, die in aller Herrgottsfrühe ins Teehaus kamen, oder von einem Arbeitslosen meinesgleichen mehr schlecht als recht gelöst worden war.

»Junge, ihr habt alle Zeitungen gekauft, ist irgendwo ein Krieg ausgebrochen?«

»Es ist echt ein Krieg ausgebrochen, Süreyya Abi, ganz im Ernst«, sagte er aufgeregt. Er blieb neben mir stehen, als sei er neugierig, wie ich auf die Zeitungsberichte reagierte.

Yusuf hatte recht. Ein Art Krieg war ausgebrochen; die Polizei hatte die Jugend, die den Abriss des Gezi-Parks in Taksim verhindern wollte, angegriffen und mit einer Brutalität, die sogar mich in Staunen versetzte, ihre Zelte verbrannt. Dabei hätte ich nicht geglaubt, dass mich nach etlichen Jahren im Polizeidienst noch irgendeine Aktion meiner ehemaligen Kollegen verblüffen könnte. Das Verbrennen der Zelte hatte seine Wirkung gezeigt – Zehntausende Menschen konnten die brutalen Übergriffe auf die Demonstranten nicht mehr mit ansehen und strömten auf die Straße.

Was ich las und an Fotos in manchen Zeitungen sah, beschämte mich derart, dass sogar die Tatsache, dass ich vor Jahren den Dienst quittiert hatte, meine Scham nicht zu lindern vermochte. Ich versuchte noch zu kapieren, was passiert war, da fiel es mir wie Schuppen von den Augen. Ich drehte mich zu Yusuf um, der nach wie vor neben mir stand.

»Du hast doch gesagt, dass dein Boss nach Taksim gegangen ist, oder?«

»Ja, Abi.«

»Ruf ihn gleich mal an.«

Unverzüglich zückte Yusuf sein Handy, drückte auf ein paar Tasten und reichte es mir.

»Alâeddin, hier ist Süreyya.«

»Süreyya, tut mir leid für die Umstände.«

»Mensch, was heißt denn Umstände? Ich hoffe nur, du hast keine Probleme, was hast du in Taksim zu suchen? Ist da immer noch die Hölle los?«

»Im Moment ist es ruhig, aber gegen Abend wollen sie sich wieder sammeln. Mehr weiß ich auch nicht.«

Ich war ein wenig verwirrt. Nach meinem Wissen ging Alâeddins Umweltbewusstsein nicht über den Bürgersteig vor seinem Teehaus hinaus, den er jeden Morgen von Yusuf fegen ließ und wo er das Gestrüpp in dem großen Blumentopf neben dem Tisch tagtäglich höchstpersönlich goss. Alâeddin mitten in einer Umweltdemonstration – das vermochte ich mir kaum vorzustellen. Außerdem wusste ich nur zu gut, dass er stets AKP wählte und nur ungern über Politik sprach, wenn es aber um den Ministerpräsidenten ging, er ihn immer als »Mann, wie ein Mann sein sollte«, bezeichnete. Zugegeben, so wie ich nie jemandem widersprach, der seine politische Meinung äußerte, so konnte ich auch Alâeddin nicht widersprechen. Ich hatte ihm nie sagen können, dass eine Definition der Art »wie ein Mann sein sollte« eigentlich ein Hinweis darauf ist, dass der Beschriebene diese Erforderungen eben nicht unbedingt erfüllt.

»Allah Allah, und was hast du da verloren? Wenn du mitprotestierst, ist es in Ordnung, aber …«

»Nee, Süreyya, um Gottes willen, ich und Proteste? Ich bin hinter meiner Tochter her. Du kennst ja Filiz, die Große, sie ist seit gestern verschwunden.«

»Und, bist du sicher, dass sie in Taksim war, vielleicht hat sie bei einer Freundin übernachtet?«

»Genau das hat sie uns gesagt, sie wollte mit einer Freundin für die Prüfungen büffeln. Wir haben es ihr erlaubt, und weg war sie. Als sie heute Morgen nicht kam, haben wir bei den Eltern angerufen, und da stellte sich heraus, dass die Freundin ihren Eltern dieselbe Geschichte aufgetischt hat.«

»Vielleicht sind sie zusammen zu einer anderen Freundin gegangen?«

»Ach was, sie sind hierher gekommen. Meine Frau hat das aus dem rausgekriegt, was sie auf Facebook geschrieben haben.«

Lange Rede, kurzer Sinn: Alâeddins Tochter Filiz und mindestens diese eine Freundin hatten ihren Eltern erzählt, dass sie zusammen lernen und bei der anderen übernachten würden, und waren am Abend in den Gezi-Park gegangen, um an den Protesten teilzunehmen. Seit morgens waren ihre Handys ausgeschaltet. Als Alâeddin erfuhr, dass sie nicht bei ihrer Freundin übernachtet hatte, tobte er zunächst, in der Annahme, sie hätte sich mit ihrem Freund getroffen. Dann aber las ihm seine Frau Filiz' letzten Facebook-Eintrag über den Polizeieinsatz vor, den sie wahrscheinlich geschrieben hatte, kurz bevor ihr Akku leer war, und anstelle von Alâeddins Wut trat Angst.

»Mensch, Süreyya, hätte sie doch bloß bei ihrem Freund übernachtet, seit heute früh suche ich wie ein Verrückter nach ihr. Ich war sogar bei der Polizei, aber fast hätten sie mich auch eingesperrt.«

»Warum hast du mich nicht gleich benachrichtigt?«

»Was weiß ich, Abi, ich war so aufgeregt, und du hast ja kein Handy …«

»Mann, ich wohne doch gleich hier, du hättest einfach an die Fensterscheibe klopfen können. Na ja, vergiss es! Wo bist du gerade?«

»In Taksim. Hier wimmelt es nur so von Polizisten, den Park haben sie abgeriegelt und lassen niemanden rein. Seit heute morgen klappere ich die Cafés in der Gegend ab.«

»Okay, warte da auf mich. Ich nehme Yusufs Handy und werde dich anrufen, wenn ich dort bin.«

Yusuf hatte unser Gespräch mitbekommen, und ich dachte nicht, dass er etwas dagegen einzuwenden hätte, wenn ich sein Handy nähme, aber dennoch fragte ich ihn.

»Yusuf, ich nehme mir dein Handy, kriegst es heute Abend zurück, einverstanden?«

»Muss doch sehr bitten, Süreyya Abi, pfeif auf das Handy. Du wirst Filiz Abla doch finden?«

So viel ich weiß, war Yusuf ungefähr im selben Alter wie Filiz, und seine Stimmlage verriet, dass er Filiz eher als platonische Geliebte denn als *Abla* sah. Alâeddins Prinzessin, deren Privatschulgebühren er sich vom Mund absparte, und Yusuf, sein Gehilfe, der von Kindesbeinen an in seinem Teehaus arbeitete. Mir brach das Herz.

»Ich werde sie finden«, sagte ich. »Versprochen.«

II

In Şişhane stieg ich aus dem Taxi, die Zufahrt zum Taksim war gesperrt. Ich traf mich mit Alâeddin vor dem Eingang zum Tünel, wo die İstiklal-Straße anfängt. Sie endet am Taksim-Platz, aber ich glaubte nicht, dass wir es bis dorthin schaffen würden.

»Ist Filiz' Handy immer noch abgeschaltet?«

»Ja. Wenn sie irgendwo in Sicherheit wäre, hätte sie ihr Handy bestimmt aufgeladen. Soweit ich gehört habe, sind viele festgenommen worden. Aber selbst dann hat sie doch das Recht zu telefonieren, oder? Sie hätte doch angerufen, oder?«

»Da wäre ich mir nicht so sicher. Ich glaube nicht, dass sich die Polizei momentan großartig an die Bestimmungen hält, wo sie es doch sonst kaum tut.«

»Aber dem Gesetz nach …«

Ich war Polizist, wenn auch nur ein ehemaliger, weswegen ich bloß seufzend den Kopf zu schütteln brauchte, um Alâeddin zu überzeugen. Aber erst jetzt würde sich zeigen, inwiefern uns meine frühere Karriere bei der Polizei von Nutzen sein konnte.

Das nächstgelegene Revier war die Einsatzbehörde in Beyoğlu. Dort hatte ich sogar Dienst geleistet, aber es war doch recht unwahrscheinlich, dass ich einen der diensthabenden Polizisten kannte. Dennoch hoffte ich, dass ich eine andere Behandlung genießen würde als Alâeddin.

Der Polizist am Eingang fragte uns nach unserem Anliegen. Ich erwiderte, dass ich den leitenden Kommissar sprechen wollte, und jubelte ihm nebenbei unter, dass ich früher einmal hier gearbeitet hatte.

In Begleitung eines Beamten gingen wir zum Büro des Hauptkommissars. Er war etwa zehn Jahre jünger als ich.

»Chef, der Herr ist ein pensionierter Kollege und hat seinerzeit hier gedient …«

Während ich darüber nachdachte, ob ich in der Tat so alt aussah, dass man mich einen »Pensionär« nennen konnte, bot uns der junge Hauptkommissar mit einer Handbewegung die Sessel vor seinem Tisch an.

»Sie haben sich nicht gerade die beste Zeit für Ihren Besuch ausgesucht, aber bitte! Was kann ich für Sie tun?«

»Guten Tag, mein Name ist Süreyya Sami, stimmt, ich war vor Jahren hier im Dienst, der eigentliche Grund unseres Besuchs aber ist ein Problem, das mein Freund hier hat«, sagte ich und zeigte auf Alâeddin.

»Und das wäre?«

»Nun, mein Freund hat eine Tochter, Filiz, Filiz Dural, und seit gestern ist sie verschwunden.«

»Bevor nicht vierundzwanzig Stunden vergangen sind, können wir nichts tun. Außerdem sehen Sie ja selbst, in welch prekärer Situation wir gerade stecken. Wir sind derart mit diesen Hurensöhnen beschäftigt, dass ich Ihnen wirklich nicht helfen kann.«

Bemüht, mich zu beherrschen, beugte ich mich nach vorne.

»Na, dann wünschen wir gutes Gelingen, denn genau das ist unser Problem. Seine Tochter ist ebenfalls im Gezi-Park.«

Mit einem Mal änderte der Kerl seinen Blick. Bereits jetzt schien er zu bereuen, dass er uns hereingebeten hatte.

»Nun, mein Herr, Süreyya war der Name, nicht wahr? Süreyya Bey, Sie wissen ja selbst, was die Gesetze vorschreiben, und danach richtet sich das Procedere. Wenn das Mädchen eine Straftat begangen hat, kommt sie in U-Haft und wird anschließend der Staatsanwaltschaft vorgeführt.«

»Sie haben natürlich recht, aber im Moment tappen wir im Dunkeln. Was ich meine, ist: Wir wissen nicht, ob sie in U-Haft genommen wurde, und wenn ja, wo sie sitzt oder ob sie schon beim Staatsanwalt gewesen ist. Genau um das in Erfahrung zu bringen sind wir ja hier.«

»Wie war ihr Name?«

»Filiz, Filiz Dural.«

Während er in die Liste sah, die auf seinem Tisch lag, fing er gleichzeitig an zu maulen. »Einerseits attackieren sie die Polizei und schlagen alles kurz und klein, andererseits aber, wenn sie in Schwierigkeiten stecken, schreien sie nach der selben Polizei. Du leistest Widerstand gegen die Staatsgewalt, aber wenn die Polizei eingreift, ist sie der Bösewicht, stimmt's nicht?«

Ich zwinkerte Alâeddin zu, der sich auf die Lippen biss. »Herr Kommissar, seien Sie gewiss, dass wir sie angemessen bestrafen werden, aber sie sind Kinder, denen brennt das Feuer im Hintern. Sie haben gehört, dass da eine Aktion für Umweltschutz im Gange ist, und sind hergekommen, ohne lange zu überlegen.«

Der Hauptkommissar hob den Kopf von der Liste. »Diese Proteste, die Sie Umweltaktionen nennen, richten sich gegen den Ministerpräsidenten, mein Herr. Sie kommen nur unter dem Vorwand Umwelt hierher, unter ihnen sind auch Militante«, sagte er, und an Alâeddin gewandt fügte er hinzu: »Wenn ihr die Zügel so locker lasst, dann, bewahre Gott, werdet ihr sie eines Tages im Schoß einer separatistischen Terrorgruppe wiederfinden.«

Alâeddin senkte den Kopf und schwieg. Eine Weile beobachteten wir, wie der Kommissar die Liste prüfte.

»Nein«, sagte er schließlich, »weder Filiz noch Dural. Sie war also nicht hier in unserer Wache.«

»Wo kann sie sonst sein? Ob wir in Tarlabaşı nachfragen?«

»Das machen Sie aber gefälligst bitte selbst!«

Wir verließen die Wache. Es ging auf Nachmittag zu, auf der İstiklal-Straße herrschte mittlerweile ziemlicher Trubel.

»Süreyya, ich glaube, sie werden wieder demonstrieren. Wie kommen wir nach Tarlabaşı?«

Ich sah die Polizeisperre am Ende der Straße, zog mein Telefonbuch aus der Tasche und suchte Cemils Nummer heraus.

»Alâeddin, ruf bitte diese Nummer an.«

Nach mehrmaligem Klingeln meldete sich Cemil.

»Hallo, Cemil, Süreyya hier.«

»Oh, mein lieber Kamerad! Mensch, wieso meldest du dich nicht? Alles okay bei dir?«

»Nicht unbedingt, Cemil. Ich habe eine Bitte.«

»Muss doch sehr bitten, schieß los!«

»Gestern war doch in Taksim einiges los.«

»Ja.«

»Die Tochter eines sehr guten Freundes ist verschwunden. In Beyoğlu habe ich nach ihr gefragt, da ist sie nicht, hieß es. Wahrscheinlich haben sie sie festgenommen und geben keine Information heraus. Kannst du vielleicht mal nach ihr forschen. Ihr Name ist Filiz, Filiz Dural. Ihr Vater ist bei mir, wir wären dir dankbar, wenn du auf den Wachen und wo sie halt sein könnte, fragen würdest …«

»Kamerad, ich sehe zu, was ich tun kann. Bist du unter dieser Nummer zu erreichen?«

»Ja.«

Cemil war ein alter Freund, den ich seit der Polizeischule kannte, und er war noch immer bei der Polizei. Ich ärgerte mich, dass ich ihn nicht gleich angerufen hatte. Bei all der Panik war ich nicht auf die Idee gekommen. Er schuldete mir einen Gefallen und ich wusste genau, dass er alles tun würde, was in seiner Macht stand.

Während wir auf Cemils Anruf warteten, spazierten wir durch die Menschenmassen, die sich allmählich auf der İstiklal versammelten. Alâeddins Augen sahen in jedem Mädchen seine Filiz, und ich überlegte mir, was ihr möglicherweise zugestoßen sein könnte. Falls sie die Nacht mit ihren Freunden im Park verbracht und sich bei dem Polizeiübergriff irgendwie aus dem Staub gemacht hatte, hätte sie irgendwo ihr Handy aufgeladen, und wenn das nicht geklappt hätte, wäre sie irgendwie nach Hause zurückgekehrt oder hätte ihre Mutter angerufen. Aber seit wir uns getroffen hatten, hatte Alâeddins Handy vielleicht zehn Mal geläutet, und jedesmal war es seine Frau, die fragte, ob wir Filiz schon gefunden hätten. Beim Gedanken an die Fotos in den Zeitungen fielen mir noch schrecklichere Dinge ein, aber das versuchte ich eher zu verdrängen.

Die Menschenmenge um uns herum begann allmählich Slogans zu skandieren, die Reihen rückten enger zusammen und bewegten sich auf die Polizeisperre zu. Alâeddin sah nicht danach aus, als ob er vorhätte, zurückzugehen, noch immer suchte er in dem Gewühl nach Filiz. Aus der Ferne war eine Explosion zu hören, gleich darauf sah man weißen Rauch. Über allem lag eine dichte Tränengaswolke, die der Wind allerdings in Richtung Polizei wehte. Ich zog Alâeddin am Arm zurück und ging mit ihm von Galatasaray in Richtung Tünel. Eine noch größere Menschenmenge kam uns entgegen.

»Aber Süreyya, vielleicht ist Filiz doch hier … Lass mich noch eine Weile suchen, bitte.«

»Alâeddin, hier sind Tausende von Menschen. Beruhige dich ein bisschen. Mein Freund ruft bestimmt gleich an«, sagte ich, da läutete das Telefon. Er sah kurz auf das Display und reichte mir das Handy. Die Kunst, auf die Yes-Taste zu drücken, beherrschte ich mittlerweile.

»Süreyya?«

»Cemil, ich höre.«

»Ist dein Freund bei dir?«

»Ja.«

»Hört er mich?«

»Nein.«

»Gut. Hör gut zu, ich habe sie gefunden. Das SEK hat sie festgenommen. Sie haben allerdings wohl ein bisschen fest zugepackt. Man hat sie ins Krankenhaus gebracht, um ein Attest für sie zu bekommen.«

»Jetzt gerade?«

»Ja. Sie haben auf den Schichtwechsel des Bereitschaftsarztes gewartet, damit er ihre Unversehrtheit bescheinigt. Ich habe eben mit dem Büroleiter gesprochen, Nevzat heißt er, kannst du dich an ihn erinnern? Er kennt dich nämlich.«

»Nevzat der Blonde?«

»Genau. Du sollst ihn anrufen, dann können wir die Sache unter uns regeln, meinte er.«

Mir war klar, was er damit sagen wollte. Ich ließ mir von Cemil die Nummer geben. Alâeddin war sehr aufgeregt.

»Und, hat man sie gefunden? Wo ist sie?«

»Sie haben sie gefunden. Warte kurz, ich muss noch mit jemand anderem reden.«

Ich rief Nevzat an.

»Süreyya Sami!«

»Hallo, Nevzat.«

»Ach, Abi, dass wir unter solchen Umständen miteinander sprechen. Diese Filiz Dural ist wohl eine gute Bekannte von dir, Cemil hat es mir am Telefon erzählt.«

»Ja«, erwiderte ich.

»Abi, die Lage ist die: Das Mädchen ist jetzt im Krankenhaus, gleich nach Cemils Anruf habe ich mich erkundigt, ich habe die Mannschaft noch am Krankenhauseingang erwischt und sie gebeten zu warten.«

»Welches Krankenhaus?«

»Sie ist in Şişli. Ich habe gesagt, dass sie warten und die Formalitäten stoppen sollen. Wenn sie nämlich das Attest bekommen, wird eine Akte angelegt, dann kommt die ganze Sache ins Rollen. Sie muss zum Polizeidirektorat und wird gleich anschließend der Staatsanwaltschaft vorgeführt. Im Polizeibericht steht Widerstand gegen die Staatsgewalt, da kommt sie nicht so schnell wieder auf freien Fuß. Gesetzt den Fall, wir schicken sie nicht zum Staasanwalt; aber hier wimmelt es nur so von Rechtsanwälten, wir werden bestimmt den offiziellen Weg gehen müssen.«

»Ich verstehe. Wie ist ihr Zustand?«

»Nun, ich habe sie nicht gesehen, daher weiß ich es nicht genau, aber Kopf und Augen sind okay. Es hieß, sie habe sich kräftig gewehrt. Zumindest wurde sie nicht irgendwo am Kopf von einer Gaspatrone getroffen. Aber soweit ich gehört habe, sieht sie doch recht mitgenommen aus; du verstehst mich doch nicht falsch?«

»Nein«, sagte ich und fragte mich gleichzeitig, was ich denn falsch verstehen könnte.

»Also, ich habe den begleitenden Polizisten die Anweisung gegeben, zu warten. Wenn du dein Okay gibst, dann sparen wir uns eine Anklage, das habe ich den Kollegen auch gesagt. Geh und hol sie, damit vergessen wir die ganze Sache.«

»Eine Sekunde, Nevzat«, erwiderte ich und erklärte Alâeddin kurz die Lage. Er war sofort einverstanden.

»Okay«, sagte ich, »sie sollen warten, wir kommen sofort.«

Die Menge auf der Straße schrie ihre Slogans heraus, während wir an Odakule vorbei zum Pera Palas gingen. Am Taxistand des Hotels stiegen wir in einen Wagen. Der Fahrer war damit einverstanden, uns über die Ringstraße zum Şişli Etfal-Krankenhaus zu bringen.

III

Die Polizisten, die uns Filiz übergaben, waren äußerst höflich, wobei mich schon interessiert hätte, was Nevzat über mich erzählt hatte. »Herr Kommissar, es tut uns schrecklich leid, wir haben sie nur wegen des Attests hierher gebracht, für die Blessuren sind wir nicht verantwortlich«, flüsterte mir einer von ihnen ins Ohr.

Alâeddin schloss seine Tochter sogleich fest in die Arme, dann trat er ein paar Schritte zurück, um sich ein besseres Bild von ihrem Zustand machen zu können. Nachdem er die blauen Flecken in ihrem Gesicht und an den Armen und dann auch den Abdruck der Gaspatrone an ihrem Bein gesehen hatte, schaute er zuerst die Polizisten und dann mich an. Es sah aus, als bäte er mich um die Erlaubnis, über sie herfallen zu dürfen, und ich fürchtete schon, er würde es auch ohne meine Zustimmung tun. Mir wurde klar, dass ich sofort eingreifen musste, und fing an zu sprechen, während mein Blick zwischen Alâeddin und den Polizisten hin und her wanderte.

»Leute, welcher Wache oder welchem Team gehören die Hurensöhne an, die Filiz das angetan haben, habt ihr eine Ahnung?«

Einer der Polizisten wurde scharlachrot im Gesicht und senkte den Kopf. Der Beamte, der sich gerade bei mir entschuldigt hatte, sagte: »Herr Kommissar, es sind jede Menge Polizisten nach Istanbul gekommen, auch aus den umliegenden Städten«, warf aber gleichzeitig dem rot gewordenen Kollegen einen vielsagenden Blick zu. Ich sah zu Filiz. Auch ihre Augen fixierten denselben Polizisten.

»Filiz, wo ist deine Freundin?«, fragte ich.

»Erzähle ich dir später, Süreyya Amca«, erwiderte sie. Offensichtlich wollte sie nicht in Anwesenheit der Polizisten sprechen.

»Herr Kommissar, wenn Sie erlauben, Kommissar Nevzat erwartet uns.«

»Ich bedanke mich, dass ihr gewartet habt«, sagte ich.

Das Taxi, das uns hierher gebracht hatte, wartete wie besprochen auf uns. Wir stiegen ein und fuhren los. Unterwegs erzählte uns Filiz, was sie in der Nacht erlebt hatte. Als sie mit ihren Freunden im Park von der Polizei angegriffen wurden, waren sie zunächst geflohen. Ihre Freundin, mit der sie angeblich gebüffelt hatte, brach sich den Fuß. Anstatt ins Krankenhaus brachten sie sie zu der Krankenstation, die man provizorisch in der Kammer der Architekten und Bauingenieure eingerichtet hatte und in der sich freiwillige Ärzte um Verletzte kümmerten. Im Getümmel hatte sie ihr Handy verloren. Ihre Freundin war zwangsläufig da geblieben, aber Filiz hatte sich nicht einschüchtern lassen und war auf die Straße zurückgekehrt.

»Allein?«

»Nein, Süreyya Amca … Da waren Zehntausende von Menschen …«

Ich drehte mich vom Vordersitz nach hinten zu Alâeddin; er hielt seine Tochter fest in den Armen und konnte sich nur mit Mühe und Not beherrschen, um nicht in Tränen auszubrechen, wobei er allen Grund dazu gehabt hätte. Der Mut dieses jungen Mädchens trieb sogar mir die Tränen in die Augen. Was für eine dämliche Frage … Allein? Einer, der fest an eine Sache glaubt, bleibt nie allein …

»Bis frühmorgens haben wir durchgehalten. Als wir uns gegen Morgen auflösten, haben sie mich vor der Tür eines Wohnhauses festgenommen, sie pferchten uns in einen Minibus und fuhren stundenlang durch die Gegend … Süreyya Amca, versteh mich nicht falsch, aber ich kann die Polizei nicht mehr ausstehen.«

»Mach dir keine Gedanken, liebe Filiz, ich habe ja aus dem selben Grund gekündigt«, sagte ich. Was im Minibus passiert war, erzählte sie uns nicht, aber bestimmt war sie während der Fahrt misshandelt und geschlagen worden.

Nachdem wir aus dem Taxi ausgestiegen waren, packte ich Alâeddin am Arm und nahm ihn zur Seite. Ich riet ihm, das arme Mädchen nicht zu bedrängen und ja nicht auf die Idee zu kommen, sie zu bestrafen.

»Strafe? Was für eine Strafe, Süreyya?«, meinte Alâeddin, erleichtert, weil seine Tochter seine tränenerfüllten Augen nicht sehen konnte. »Sie, ihre Freundin, all die jungen Leute, die dort waren, haben ein Riesenlob verdient. Eigentlich bin ich derjenige, der bestraft werden sollte, die ganze Zeit habe ich nichts auf ihn kommen lassen, nannte ihn auch noch ›einen Mann, wie ein Mann sein sollte‹.«

»Wie auch immer, vergiss das Ganze.«

»Nein«, sagte er, die Augen voller Tränen, aber lachend, »ab jetzt wird nichts mehr vergessen.«

IV

Die nächsten Tage ließ ich mich kaum im Teehaus blicken, denn jedesmal, wenn ich hinging, redeten alle ausgiebig über die Proteste. Dabei fuhr Alâeddin seine Kunden, die den Ministerpräsidenten zum größten Teil immer noch unterstützten, barsch an. Diejenigen, die das Vorgehen der Polizei verteidigten, verwies er an mich.

»Fragt den Polizisten, wenn ihr etwas über die Polizei wissen wollt, lasst euch von Süreyya erzählen, wie sie auf einmal einknickten, wie Süreyya eure sogenannten Helden der Polizei zur Schnecke gemacht hat.« Ich bestätigte dann immer nur mit einem leichten Kopfnicken. Alâeddin war nicht der Einzige, der sich veränderte. Auch im Teehaus wehte ein anderer Wind: die *Posta* war nicht mehr die einzige Zeitung, manchmal wurde die *Evrensel* gekauft, manchmal die *Birgün* – Zeitungen also, die man in solch einem traditionellen Teehaus nicht erwarten würde. Zuerst dachte ich, dass Alâeddin sie kaufte.

»Ha, die meinst du, unser Yusuf interessiert sich mittlerweile für diese Zeitungen, Süreyya. Wie du weißt, hat er früher nichts anderes gelesen als die Blätter für Wetttipps, jetzt kauft er jeden Tag eine dieser farbenlosen Zeitungen, ich kapiere es auch nicht«, lautete Alâeddins Antwort.

Ich kapierte es.

Warum man trotz des Protests von anfangs Hunderten, später Tausenden und dann Hunderttausenden von Menschen auf dem Bau eines popeligen Gebäudes auf diesem einzigen grünen Fleck in Taksim beharrte und dabei so viel Gewalt in Kauf nahm, kapierte ich allerdings nicht. Bis ich Monate später in einem Zeitungsartikel die Behauptung las, dass dieses Gebäude, das auf dem Gelände der Parkanlage errichtet werden sollte, jemandem versprochen worden war.

Da fielen mir mein Klient und sein Anliegen wieder ein. Sein Grundstück hatten sie einem Minister versprochen.

Fırat Budacı

Die Liebe in den Zeiten des Widerstands

Personen
Merve: Schwiegertochteranwärterin, die Çağatays Mutter um den Verstand bringt
Çağatay: Schwiegersohnanwärter, von der eigenen Mutter als »naiver Sohn, den das Mädchen um den Finger wickelt«, und von Merves Mutter als »eigentlich ist er ein guter Junge« definiert
Fırat: Bier
Barkeeper: trägt eine Gasmaske
Kellner: normal

Es sind schwierige Zeiten, in denen man nicht einmal in den Nebenstraßen sicher ist vor Wasserwerfern, Tränengasgeschosse gezielt auf Menschen abgefeuert werden, der Ministerpräsident das Volk in zweimal fünfzig Prozent spaltet und dabei seine fünfzig Prozent nur mit Mühe bändigen kann und Melih Gökçek ein Dasein als völlig anderes Wesen außerhalb der gesamten hundert Prozent führt. Fremde Geheimmächte reißen den Innenminister ständig aus dem Schlaf. Der Gouverneur ist überaus betrübt, weil das Volk wegen der Besetzer nicht genüsslich auf den Wiesen liegen und an den Blumen schnuppern kann. Nach scharfen Presseerklärungen nach Hause zurückgekehrt, schreibt er Gedichte und wandelt so zwischen Staat und Romantik. Der Oberbürgermeister lässt sich seit einiger Zeit nicht blicken. Die Geschichte spielt in einer Bar in Asmalımescit. Die Helden der Geschichte, Merve und Çağatay, sind eines der Tausende von Paaren mit langwährender Beziehung, von denen man definitiv erwartet, dass sie »endlich« heiraten.

Als das Tränengas unter dem Einfluss des Windes Asmalımescit erreichte, war ich unterwegs zur Zeitschriftenredaktion. Mit etwas Durchhaltevermögen hätte ich es spielend bis dorthin geschafft, aber weil ich ein Faible fürs Dramatische habe, selbst wenn die Bedingungen es nicht unbedingt hergeben, zog ich es vor, Zuflucht in einer Bar zu suchen. Neben dem Barkeeper und dem Kellner waren nur zwei Gäste dort. Während die Frau, der man ihre Wut ansah, am Tisch saß, blickte der Mann, dem man seine Gemütslage nicht ansah, durch das Barfenster auf die Straße. Obwohl es drinnen keinerlei Spuren von Tränengas gab, trug der Barkeeper eine Gasmaske mit allem Drum und Dran. Als jemand, der eine Bandbreite verschiedenster Masken, angefangen bei Modellen aus dem Zweiten Weltkrieg bis hin zu solchen aus dem Baumarkt, zu Gesicht bekommen hat, konnte ich vor dieser Maske nur meinen Hut ziehen. Sie war so hübsch, dass ich beinahe gefragt hätte: »Hey, Alter, wo hast du die her?« Ich setzte mich an einen der langen Tische an der Wand. Obwohl wir in einem geschlossenen Raum saßen, erschien mir die Frage, ob man rauchen dürfte, überflüssig. Der Widerstand brannte längst. Der Kellner brachte einen Aschenbecher. Eigentlich war der Ascher keine Gabe des Kellners, sondern eine der Solidarität, Verbundenheit, Empathie. Wir erlebten die Lust am Protest gegen das Gesetz dessen, der seinem Volk kein Gehör schenkt. Ich rief zum Kellner: »Ein Bier.« Eigentlich hatte nicht ich nach dem Bier gerufen, sondern vielmehr der Zorn, der Widerstand, die Müdigkeit. (Das liebe ich: Etwas in Bier und Zigaretten hineinzuinterpretieren.)

»Çağatay, können wir endlich gehen? Du redest dummes Zeug«, sagte die Frau. Die Stimme einer Frau, die das Insistieren ihres Freundes nicht mehr ertragen kann, würde ich überall wiedererkennen. Çağatay sah noch immer aus dem Fenster und erwiderte: »Wo willst du hin, Merve, überall ist Tränengas.« Ich fühlte mich wie in einer Art »Raumtheater«, in dem die ganze Bar als Bühne diente und die Zuschauer an Tischen saßen, die in die Bühne integriert waren. Sogleich vertiefte ich mich ins Geschehen.

Çağatay hat es wirklich schwer. Seit etwa zehn Minuten trotzt er sowohl der Macht der Regierung als auch der Macht seiner Freundin. Während das »Überall ist Tränengas« sich in Çağatays Kopf durch das »Überall ist Widerstand« zu einer Losung vervollständigt, bedeutet es für Merve nichts anderes, als so schnell wie möglich nach Hause zu kommen. »Sie haben wieder mit Tränengas geschossen«, sagt Çağatay. Er springt ans Fenster. »Oooh«, kommentiert er das Bild, das sich ihm bietet. Wenn man die Probleme des Landes einmal beiseite nimmt, scheint Çağatay diese Form der Existenz zu genießen. Wenn man mich fragt, ist es für den Barkeeper an der Zeit, die Gasmaske wie eine Art Wanderpokal an Çağatay zu übergeben. Voller Überdruss beobachtet Merve, wie ihr Freund von Fenster zu Fenster hüpft. Niemals käme sie auf den Gedanken, dass das Ganze auch eine spaßige Seite haben könnte. »Ich geh jetzt, mach doch, was du willst!« Çağatay kann ihr nicht länger trotzen. »Okay, warte, lass das Gas ein bisschen abziehen, dann gehen wir«, sagt er. »Red keinen Quatsch, das hört doch nie auf, lass uns hinten rausgehen«, beharrt die Zicke und bricht, indem sie aufsteht, auch noch seinen letzten Widerstand. »Ich geh jetzt, kommst du oder kommst du nicht?« Was soll Çağatay da machen? Wem soll er den Vorzug geben? Merve oder dem Wasserwerfer? Dem häuslichen Streit oder dem Widerstand vor der Tür? Der Aufregung in den Straßen oder der Langeweile vor dem Fernseher? Und, wenn wir die Vergangenheit, die Gegenwart und die Zukunft in jener großen Frage zusammenfassen wollen: Die Ehe zu Hause oder die Liebe draußen? Çağatay geht vom Fenster weg, zurück zu seiner Freundin. In seinem Gesicht steht Wut, weil er sich gleichzeitig mit der Staats- und der häuslichen Macht auseinandersetzen muss. Ich wende mich Merve zu. Sie raucht ihre Zigarette nebenbei mit einer Entschlossenheit, mit der sie den gesellschaftlichen Widerstand in all ihrer Zickigkeit erstickt. »Okay, Çağatay, ich begleite Merve, bleib du hier«, will ich in dem Moment beinahe sagen. Wenn ich könnte, würde ich diese problematische Beziehung an ihrer Wurzel anpacken: »Okay, Çağatay, ich heirate Merve, bleib hier und rebelliere weiter.«

Merve dreht sich um und geht. Çağatay, der sich draußen am Aufstand der Gesellschaft beteiligen will, beugt sich drinnen dem des Individuums. Eilig zahlt er die Rechnung und brüllt seiner Freundin hinterher: »Was machst du denn da? Warte, Merve! Mach mich nicht verrückt!« Mir bleibt nicht viel Zeit. Ich zahle noch schneller als Çağatay und hefte mich ihnen an die Fersen.

Gökçenur Ç.

Gasmaske, Taucherbrille, Talcid und Milch

An jenem Morgen bist du früh erwacht.
Ohne Zeitung zu lesen,
ohne das Handy anzurühren,
hast du dich mit ungewohntem Vergnügen auf den Weg gemacht.

Warmes Brot, Butter, Spiegelei mit Sucuk und Tee.
Vor dem Mittagsschlaf
Liebe im von der Nacht zerwühlten Bett.

Alles war einfach,
alles ruhig,
alles in deinem Hirn
genauso, wie es sein sollte,
bis die Möwe auf dem Balkongeländer
dich anglotzte und *hắrrrkh*! zu dir sagte.

Seit jenem Tag schriebst du einen Haufen Gedichte.
Drei Bücher hast du herausgebracht, bist nun langsamer geworden.
Noch vierzehn Verse hast du im Sinn, ungeschrieben,
aber du weißt immer noch nicht,
wohin mit diesem Wort:

hắrrrkh! ich sollte öfter sagen, dass ich dich liebe,
und es spielt keine Rolle, ob du es hörst.
hắrrrkh! ungelesen löschte ich die SMS,
die aus dem Nebel kam, lösch du sie auch!
hắrrrkh! wenn du nicht schlafen kannst, heißt das,
du bist wach im Traum eines Dichters.
hắrrrkh! der Sommer ist gekommen, der Sommer
des Herrn Schakal, darauf lässt sich trinken.

hǟrrrkh! als ob wir Insekten wären,
sprüht man Pfefferspray auf uns im Gezi-Park.
hǟrrrkh! der Himmel sieht Regen heranziehen oder spürt ihn doch,
irgendwie ahnt er ihn voraus, der Sommer wird nicht gefragt.
hǟrrrkh! du warst wie ein Anruf am frühen Morgen,
ich ging zu spät ran.
hǟrrrkh! einen angeknabberten Bleistift vergaßest du auf meinem Tisch,
die Spitze zerbrochen, ihn anzuspitzen wage ich nicht.
hǟrrrkh! du riefst hinter mir her, der Regen klammerte sich an die Stimme,
die Tropfen fielen nicht zu Boden, nun flogen sie auf mich zu.
hǟrrrkh! in jener Nacht schliefen wir an verschiedenen Orten, doch beide
begannen wir in unserem Traum mit dem Hebräischkurs.
hǟrrrkh! erdachte Dinge sind kein Gedicht – sondern Gewissheit,
lautete eine Nachricht von einem mir unbekannten Absender.
hǟrrrkh! Einsamkeit verbrennt, verbrennt jeden, notier das,
bevor du es wieder vergisst.
hǟrrrkh! mein Schatz mit Hasenzähnen und Sommersprossen,
deine Augen glänzen, deine Ohren stehen ab, deine Frisur ist ein Klotz.
hǟrrrkh! heirate mich, ich habe alles, Gasmaske, Taucherbrille, Talcid und Milch.

Das Gezi-Tagebuch einer Mutter

1. Tag

Gegen Abend kam Sinan und fragte nach dem Campingzelt.

»Nanu?«, fragte ich, »geht's wieder zum Olymp?«

Nein, er brauchte es nicht für einen Ausflug. Auf dem Taksim-Platz wurden die Bäume abgeholzt und mein Sohn wollte mit seinen Freunden zur Baumwache in den Park ziehen. »Glaubt ihr etwa, die lassen sie stehen, wenn ihr darum bittet?« Ich lachte, aber er verzog die Miene. Genau so müsse es sein, fauchte er. Er dachte wohl, seine Mutter würde es doch nicht kapieren, denn er schnappte sich das Zelt und machte sich ohne weitere Erklärungen auf die Socken. Verrückter Junge, hat immer seinen eigenen Kopf.

2. Tag

Gegen Mittag kam Sinan mit knallrotem Kopf nach Hause. Die Polizei hatte den Park gestürmt und die Jungs wie Insekten besprüht. Grässliches Zeug wie Pfefferspray kriegten sie ab. Mein Junge hatte rote Augen, jedes Äderchen gerötet. Was hab ich für einen Schrecken gekriegt! Gleich ins Krankenhaus oder doch den Doktor rufen, vielleicht auch laut jammern und klagen, damit die Nachbarinnen zusammen-laufen, überlegte ich noch, da sah ich, dass er sich umgezogen hatte und wieder raus wollte. Ich hielt ihn auf: »Was soll das? Reicht dir das Gas noch nicht, das du abgekriegt hast? Du bleibst gefälligst hier!« Doch er hörte gar nicht zu. »Ich komm heute Abend nicht nach Hause, warte nicht auf mich«, sagte er und stürmte los. »Spiel wenigstens nicht den Helden in vorderster Front, halt deine teure Wache lieber in den hinteren Reihen!«, rief ich ihm noch hinterher.

Immer wieder versuchte ich, ihn auf dem Handy zu erreichen, doch er ging nicht ran. Die ganze Nacht habe ich gewartet. Er kam nicht, wie angekündigt.

3. Tag

Erst am Abend gab Sinan sich die Ehre. Die Polizei hatte die Zelte in Brand gesteckt. Mein Junge sah bös ramponiert aus. Er sagte aber, ihm ginge es noch gut, Freunde seien verwundet worden und mit Gesichts-verletzungen ins Krankenhaus gekommen. Entsetzt suchte ich nach Worten, da war er schon ins Bad geflitzt. Frisch geduscht kramte er ein paar Sachen zusammen und wollte wieder los. »Bleib doch hier«, sagte ich, aber es nützte nichts. Rasch hatte er seinen Rucksack gepackt. Alle Zitronen, die ich im Haus

36

hatte, stopfte er mit hinein. Zitrone sei gut gegen das elende Gas, mit dem die Polizei sie besprühe. »Lohnt denn die ganze Qual um zweier Bäume willen, Junge?«, fragte ich. »Bleibt es an dir hängen, die Welt zu retten?« Sofort zog er eine Schnute. Vorwurfsvoll starrte er mich an, als hätte ich etwas sehr Schlimmes gesagt oder ihn total enttäuscht. Wieso ich das denn nicht verstünde. Natürlich lohne es. Außerdem gehe das Ganze ja nicht nur um zwei Bäume. Er machte sich aber nicht die Mühe zu sagen, worum es denn gehe. Worum denn sonst, wenn nicht um zwei Bäume? Mütter können doch nicht alles wissen!

Er hörte nicht auf mich, also belegte ich rasch ein paar Brote und steckte sie in seine Tasche. »Die isst du mit deinen Freunden, nicht, dass dir der Magen knurrt, pass auf dich auf«, sagte ich. Was sollte ich sonst sagen?

»… es ist, als wäre Krieg ausgebrochen und alle Kinder wären zur Front unterwegs.«

4. Tag

Mütter kennen das. Wenn du nicht bei deinem Kind bist, schlägt dein Herz schneller, als erwarte es jeden Augenblick schlechte Nachrichten. Erst recht, wenn du weißt, dass dein Kind zwischen Gas und Knüppeln herumläuft, wenn du jedes Mal, da du die Augen schließt, junge Menschen siehst, die sich auf dem Boden wälzen, und lange, weiße Krankenhausflure, dann rast dein Herz so schnell, dass du glaubst, gleich kapituliert es und hört zu schlagen auf. So geht es mir. Ich höre nur noch meinen Herzschlag und weiß nicht wohin. Verzweifelt tapere ich von einem Zimmer ins andere. Ich will unbedingt wissen, was da los ist. Sein Handy schweigt, vermutlich ist der Akku leer. Oder es ist Schlimmeres geschehen, an das ich gar nicht denken mag … Auch seine Freunde erreiche ich nicht, es ist, als wäre Krieg ausgebrochen und alle Kinder wären zur Front unterwegs.

Den ganzen Tag durchforste ich die Nachrichten, vielleicht erfahre ich da etwas. Die Sprecher reden mit saurem Lächeln von Wirtschaftsplänen, von der dritten Brücke, von irgendwelchen riesigen Einkaufszentren, die eröffnet werden sollen. Kein Wort von den Bäumen und den Kindern, die Gas in den Hals kriegen. Das Fernsehen zeigt von morgens bis abends Quizshows, Seifenopern und Dokus über Pinguine. Mein Sohn geht durchs Feuer, die Pinguine gehen über Eis! Ich fasse es nicht, blutjunge Menschen werden wie Kriegshelden mitten in der Stadt verletzt, wie können diese unseligen Fernsehkanäle so tun, als wäre nichts los? Warum sagt keiner was? Ich hab keine Ahnung, in welchem Zustand mein Junge nach

»Auch die Mutter des Tschapulierers ist hier.«

Hause kommen wird, und ob überhaupt. Mir bleibt nur zu beten. Das bringt mich noch um den Verstand.

Abends gab es Radau im Viertel. Die Leute standen mit Töpfen und Pfannen auf den Balkonen. Sie protestierten gegen die Brutalität der Polizei und dagegen, dass die Behörden, das Fernsehen und alle anderen so unverfroren waren, so zu tun, als wäre gar nichts los. Ich setzte mich wieder zum Beten hin. Was sollte ich sonst tun?

5. Tag

Endlich fand ich einen Sender, der zeigt, was los ist. Die Leute sind alle auf der Straße! Tausende! Frauen und Männer, Jung und Alt sind bei Tagesanbruch über die Brücke von Asien nach Europa marschiert. Die trugen Schlafanzüge und Hausschuhe! Was ist es nur, das diese Leute in Pyjama und Hausschlappen auf die Straße bringt und sogar über die für Fußgänger gesperrte Brücke führt? Es wird wohl dasselbe sein, was meinen Sohn dazu bringt, dem elenden Gas entgegenzurennen, statt ruhig in seinem weichen Bett zu schlummern. Mir ist klar, dass es da nicht nur um ein paar Bäume gehen kann. Aber ich weiß immer noch nicht, worum es eigentlich geht.

Gegen Mittag stürmten Aktivisten in unser Viertel, hinterdrein Polizisten, die seltsame Sachen trugen, wie in einem Weltraum-Film. Die Skrupellosen führten sich auf, als kämpften sie im Unabhängigkeitskrieg gegen den Feind. Wo sie die jungen Leute eingekesselt bekamen, prügelten sie brutal auf sie ein, ohne Rücksicht auf Köpfe und Augen feuerten sie Gasgranaten auf jeden, der ihnen unterkam. Die Gaswolke breitete sich in der ganzen Straße aus und quoll auch ins Haus herein. Ich bin fast ohnmächtig geworden. Mir fiel ein, was Sinan gesagt hatte, und ich strich mir Zitrone aufs Gesicht. Und auf den Fenstersims legte ich auch Zitronen, damit die jungen Leute sie mitnehmen, wenn sie weglaufen.

Abends rief Sinan an und sagte, es gehe ihm gut. Da war ich doch beruhigt. Dann ging draußen wieder der Krach mit Töpfen und Pfannen los. Es war, als würden die Leute im Viertel, die sich auf den Balkonen und an den Fenstern aufgestellt hatten, meinem Sinan sagen: Wir sind hier, habt keine Angst! Auch ich schnappte mir einen Topf und ging auf den Balkon. Ich trommelte, bis mir schier die Arme abreißen wollten. Was sollte ich sonst tun?

6. Tag

Auch heute sprangen die Kämpfe wieder ins Viertel über. Zwei junge Leute mit Blut im Gesicht flüchteten sich bei uns ins Treppenhaus, ich holte sie in die Wohnung. Was sahen die elend aus! Studenten waren das. Ich verband ihre Wunden und gab ihnen etwas zu essen. »Bleibt hier, ruht euch aus«, sagte ich, aber kaum waren sie ein wenig zu sich gekommen, liefen sie wieder auf die Straße, als wäre es ganz falsch, im Haus zu bleiben. Abends gehe ich auf den Balkon und trommele auf dem Topf. Was soll ich denn sonst tun?

7. Tag

Der Premierminister hat die jungen Leute im Park Tschapulierer genannt, Plünderer, und Leute wie mich Suppentopfleute. Er schmeichelt den Leuten. Wie gut er doch ihre Lage versteht! Zuerst war ich wütend auf Sinan, aber wenn ich mir die Menschen so ansehe, würde ich am liebsten selbst auf die Straße gehen, ohne an mein Alter und meinen Ruf zu denken. Jetzt weiß ich ganz genau, dass es da nicht um zwei Bäume geht. Und ich glaube, ich weiß auch, worum es eigentlich geht … Das muss die Empörung darüber sein, übergangen und missachtet zu werden. Aufruhr, um zu zeigen, dass man existiert, um zu sagen: Beachtet uns! Ich habe zwar entsetzliche Angst davor, dass Sinan etwas zustoßen könnte, bin aber zugleich merkwürdig stolz darauf, dass mein Sohn unter denen ist, die ihre Existenz unter Beweis stellen. Als er heute anrief, riss ich mich zusammen. Zum ersten Mal fragte ich nicht: Wann kommst du nach Hause? Ja, was kann man denn tun, was soll ich nur tun?

8. Tag

Bei einer Solidaritätskundgebung für die Jugendlichen in Istanbul hat die Polizei in Antakya einen 22-Jährigen umgebracht. Genauso alt wie mein Sinan. Als ich das hörte, wälzte sich mir ein Stein aufs Herz, ich konnte nicht mehr atmen, im Hals saß mir ein fetter Kloß.

Statt Beileid zu wünschen, brüllte der Premierminister im Fernsehen, die fünfzig Prozent, die ihn gewählt haben, halte er nur mit Mühe zurück. Damit wollte er sagen: Wenn ich die loslasse, machen die euch platt. Oh Gott!

Ich bin mit den Nerven am Ende. Die Wohnung, die mir all die Jahre heimeliges Zuhause war, ist plötzlich zu eng geworden. Also hab ich drei Topf voll Linsen-Köfte zubereitet und reichlich Zitronen dazugelegt. Jetzt gehe ich in den Park und verteile sie an die jungen Leute. Schauen wir mal!

9. Tag

Gestern sah ich Sinan im Park nicht. Aber Tausende junge Leute in seinem Alter waren da. Ich hab die Köfte an die Kinderchen verteilt. Dann bin ich wieder nach Hause, aber in Gedanken blieb ich bei ihnen. Was soll ich machen, heute bin ich wieder hingegangen. Es waren noch andere Mütter da. Und alles voller Polizei! Junge Burschen allesamt, treffen sie uns Mütter auf der Straße, tragen sie uns die Einkaufstaschen, hier aber, wie merkwürdig, stierten sie uns an, als wären wir Feinde, die ihr Vaterland besetzt halten. Unglaublich, aber ohne sich zu schämen, haben sie uns mit Reizgas besprüht! Na, was mein Sohn abkriegt, nehm ich auch, kein Problem.

Ein Junge streifte mir eine von den komischen Masken über, die die meisten hier tragen. Das soll eine Gasmaske sein. Die hat tatsächlich was genützt, ich hab dann die Zähne zusammengebissen und bin noch eine Stunde dageblieben. Es war wohl irgendwie nicht der Tag, um zu Hause herumzusitzen.

10. Tag

Heute war ich wieder im Park, mit meiner Maske und mit dem Spinat-Börek, den ich für die jungen Leute gebacken hatte. Sogar Sinan hab ich getroffen, er saß mit seinen Freunden bei einem Zelt und debattierte hitzig darüber, was zu tun sei und wie. Ich setzte mich mit den anderen Müttern zusammen, die ich dort kennengelernt hatte. Ich teilte Essen und Wasser an die Jugendlichen aus. Kaum hatten wir alles ausgegeben, kam doch die Polizei und attackierte uns mit Gas! Einfach so aus heiterem Himmel! Als wären wir Vaterlandsverräter oder Terroristen oder was weiß ich! Ich sah mich nach den Jugendlichen um. Die schnappten sich die aufprallenden Gaskapseln und schmetterten sie in die Reihen der Polizisten zurück. Also packte auch ich mit dem Tuch, das ich mir um die Hand gebunden hatte, eine mir vor die Füße kullernde Kapsel und schleuderte sie dahin zurück, woher sie gekommen war. Als ich den Kopf hob, stand Sinan vor mir und starrte mich überrascht an. Er glaubt ja, Mütter kapierten sowieso nichts. Jetzt hatte es ihm vor Überraschung die Sprache verschlagen. Unter der Maske zwinkerte ich meinem Söhnchen zu. Was sollte ich sonst tun?

»Viel Polizei, wenig Gerechtigkeit«

Gaye Boralıoğlu

Im Schaufenster

Endlich haben sie mir die Kleider gewechselt. Haben mir die angestaubte Hose und den Pullover ausgezogen, der mir den Hals einschnürte. Klobige Stiefel trug ich, auch von denen bin ich nun befreit. Sie wuschen mir das Haar und kämmten es. Jetzt sieht es viel schöner aus. Langes, glattes, schwarzes Haar mochte ich schon immer lieber. Gesicht und Körper seiften sie mir ab, frischten mein Make-up auf, klebten neue Wimpern auf und malten mir die Lippen an. Anschließend zogen sie mir einen hübschen Rock aus seidigem Stoff mit Blümchenmuster an, minikurz, kaum zwei Handbreit. Diverse Blusen probierten sie mir an und entschlossen sich dann für eine cremefarbene, fließende mit weit offenem Kragen. Am besten gefällt mir der Gürtel, den sie mir um die Hüfte schlangen. Breit ist er und aus weinrotem Wildleder. Der passt wunderbar zu den Rottönen meines Rocks und verträgt sich auch gut mit den weinroten Pumps an meinen Füßen. Die Pumps sind wahre Highheels. Aber immer noch besser als die grässlichen Stiefel.

Sie putzten auch die Schaufensterscheibe, die der Winterregen viele Male abgewaschen hatte. Dann stellten sie mich in Positur. Über den Arm hängten sie mir noch ein Täschchen, auch das aus weinrotem Wildleder. Meinen Kopf neigten sie leicht zur Seite. Das soll mir einen Touch von Schüchternheit geben. Die Pose gefällt mir, auch wenn sie meinen Blickwinkel ein wenig einengt.

Ich bin das einzige Modell im Schaufenster. Der ganze Raum gehört mir. Um mich herum schweben lediglich an unsichtbaren Fäden aufgehängte Pullis und auf dem Boden liegen ein paar mit Schmuck verzierte Blusen. Die sind unwichtig. Mich schauen die Leute zuerst und am längsten an. Die schönsten Kleider trage ich. Und ich befinde mich auf Augenhöhe zum Betrachter. Alles andere liegt oder hängt herum, weiter unten, das fällt nicht so auf. Da werfen die Leute nur einen knappen Blick drauf, meine Kleider aber mustern sie eingehend. Mitunter bewundern sie sogar mein Haar oder blicken mir in die Augen. Und dann sind da noch die Perversen, die nachts zu vorgerückter Stunde vorbeischauen. Sie kleben förmlich an der Scheibe und stieren mir auf Busen und Beine. Richtig schlimm ist es, wenn ich einen Minirock oder eine dekolletierte Bluse trage, dann baut sich jede Nacht ein Gierlappen vor mir auf.

Tagtäglich wogen Tausende Menschen an mir vorüber. Fröhliche, traurige, ruhige, hastige, Müßiggänger, Reiche, Arme, Groß und Klein … Morgens ist es ruhiger. Die Leute eilen zur Arbeit. Ich höre die Frauen vorüberstöckeln, klack klack klack. Könnte ich laufen, gäben meine Schuhe vermutlich ein ähnliches Geräusch von sich. Die Männer sprechen meist in ihre Handys. Die morgendlichen Passanten haben keinen Blick für Schaufenster übrig, sie hasten wie blind an mir vorüber.

Gegen Mittag wird es voller und bunter auf der Straße. Dann kommen die fliegenden Händler. Sogleich sind auch die Ordnungshüter zur Stelle und das Gejage geht los. Simit prasseln zu Boden, Strümpfe fliegen durcheinander. Futsch sind die drei Groschen Verdienst, den sich die armen Männer ausgerechnet

43

hatten! Eine Weile hält das Leben inne, alle beobachten die Szene. Verschwinden dann die Händler und Ordnungshüter in den Nebengassen, setzen die Leute ihren Weg fort, als wäre nichts geschehen. Manche Händler sind ein paar Tage darauf erneut zur Stelle, andere tauchen nie wieder auf, sie haben ihre Arbeit offenbar in andere Viertel verlegt.

An der Ecke der Bank gegenüber hockt ein Mann. Ihm fehlen die Beine. Er bewegt sich auf seinen Armen fort. Auf einer Auslage am Boden verkauft er falsche Ringe. Die Ordnungshüter lassen ihn in Ruhe. Der Mann ist behindert, da haben sie wohl Mitleid mit ihm. Auch mir passierte das einmal, sie nahmen mir den Unterleib ab und brachten ihn erst zwei Tage später zurück. In einer Ecke vom Schaufenster musste ich als halbe Person ausharren, nur mit einem Pullover bekleidet. Der halbe Mann tut mir leid, ich verstehe seine Lage. Er schaut ständig her. Könnte ich ihm wenigstens zuzwinkern! Ich glaube, er ist mein bester Freund. Seit Jahren sind wir hier vis-à-vis. Wir können zwar nicht miteinander reden, doch wir schauen uns an. Es ist schön, dass manches beständig ist.

In unserer Straße ändert sich alles rasend schnell. Früher gab es kleine Schaufenster mit Schaufensterpuppen darin, die aussahen wie ich. Heute haben die meisten Läden keine Schaufenster mehr. Und Modelle stellt schon gar niemand mehr hinein. Kleidung schwingt auf öden Bügeln hin und her. Die Puppen in den wenigen Geschäften mit Schaufenstern sehen seltsam aus. Sie haben kein Gesicht, ihre Taillen sind überschlank, wie Röhren wirken sie. Manchen fehlt sogar der Kopf. Entsetzlich! Schaufensterpuppen müssen doch wie Menschen aussehen! Wer sie betrachtet, muss seinem eigenen Gesicht begegnen können. Muss sich vorstellen können, wie das Kleidungsstück an ihm wirkt. Wer weiß, wo diese Unsitte herkommt. Warum sollte irgendjemand einen Pulli kaufen wollen, der an einer Kreatur hängt, die wie ein Alien aussieht?

Diese Art von Wandel gefällt mir gar nicht. Eines Tages werde auch ich dran sein. Sie werden mich aus dem Verkehr ziehen und durch Klone aus glänzendem Kunststoff ersetzen. Wahrscheinlich entsorgen sie mich in einem Müllcontainer am Straßenrand. Womöglich geschieht noch Schlimmeres, sie trennen mir Arme und Beine ab, nehmen mir die Augen heraus, stopfen alle meine Glieder in verschiedene Tüten und schmelzen sie in großen Öfen ein, um etwas Neues daraus zu machen. Vielleicht eine neue Schaufensterpuppe oder ein Spielzeug oder auch, das wäre grässlich, eine Schüssel zum Beispiel! Da wäre es besser, in einem Müllcontainer zu landen. Vielleicht findet mich da jemand, ein Künstler oder wenigstens ein Stadtstreicher. Vielleicht nimmt mich ein einsamer Clochard als Freundin zu sich …

Das Gefängnis aus Glas ist mein Kristallpalast. Die transparente Wand zwischen mir und dem strömenden Leben draußen macht meine Existenz erst möglich. Ich weiß sehr wohl, dass es auf der anderen Seite der Scheibe kein Leben für mich gibt. Jeder Saisonwechsel bringt auch die Möglichkeit des Abschieds. Dieses Mal wurde ich neu eingekleidet, doch wer wollte garantieren, dass es nicht das letzte Mal war? So weit ich sehen kann, bin ich im Umkreis die älteste Schaufensterpuppe hier, da wird das Finale nicht mehr lange hin sein.

Unser Geschäft führt nur Damenkonfektion, deshalb stehe ich hier allein. Wäre auch Herrenkleidung im Angebot, würde man, so eng es hier im Schaufenster auch ist, wohl oder übel eine weitere Puppe dazustellen. Dann wäre ich nicht allein. Selbst wenn sie nicht miteinander reden, spenden zwei Wesen, die dasselbe Schicksal, dieselbe Traurigkeit teilen, einander Kraft und Trost.

Wenn alles um einen herum sich rasant verändert, man selbst aber vom Wandel ausgeschlossen ist, bleibt nur eins: sich ablenken. Sich ablenken und so tun, als wäre alles ganz anders. Auf das Ende warten. Es hinauszögern. Und dann der Tod.

Ich betrachte die Passanten. Auch sie haben Beine wie ich, Arme, Augen, Nasen und Ohren wie ich. Aller Ähnlichkeit zum Trotz besteht aber ein himmelweiter Unterschied zwischen uns. Diese Leute haben ein Ziel. Sie lenken ihre Schritte in eine bestimmte Richtung. Was außerhalb der wenigen Meter geschieht, die ich im Blick habe, weiß ich natürlich nicht so genau. Erreichen sie ihr Ziel oder nicht, ist das Leben, das sie führen, all die Traurigkeit wert, die ihnen ins Gesicht geschrieben steht? Dennoch erscheinen mir alle Eventualitäten immer noch besser, als hier immer am selben Fleck Staub zu fangen.

Nach Tagen scheint heute endlich wieder die Sonne. Sie bestrahlt mein Gesicht zur Hälfte. Ich liebe dieses Licht aus unerschöpflicher Quelle, das ausgerechnet mich findet auf dieser riesengroßen Welt. Licht macht die Last auf den Schultern der Menschen leichter, wischt ihnen den Trübsinn aus der Seele, das weiß ich wohl. Wenn alle Farben leuchten, strahlen auch die Menschen. Heiterkeit und fröhliches Lachen, und seien sie nur vorübergehend, machen mir Hoffnung. Dann fühle ich mich leichter. Dann traue ich mich, daran zu denken, eines Tages von hier fortzugehen. Diese verrückte Idee blitzt nur kurz auf, aber sie gibt mir die Kraft zum Durchhalten, und sei es nur für einen Augenblick. Im nächsten Moment schon wird mir klar, dass dies das Ende der Welt bedeuten würde, und ich verscheuche den Gedanken rasch. Ich verschließe mich wieder, recke das Gesicht zur Sonne und tröste mich.

Da erklingt wieder dieses Lied, es scheint aus dem Buchladen nebenan zu kommen …

Am Horizont des Abends ohne Umkehr sind wir nun,
  spät ist es, so spät …
Dies ist der Schlussakkord, mein liebes Leben,
  vergeh nun, gánz wie es dir beliebt …

Früher hörte ich solche Lieder gar nicht. Mein Ohr war nur für Frohsinn empfänglich. Mittlerweile drückt die Einsamkeit mich bei munteren Melodien umso stärker, Melancholie dagegen ist mir Trost.

Noch ist das Lied nicht verklungen, da wird es laut auf der Straße. Ich kann von hier aus nicht viel sehen, nur ein Rauschen und Dröhnen höre ich von fern. Die Leute, die zum Platz hingehen, schauen sich ständig um, die Passanten aus der Gegenrichtung bleiben sogar stehen. Das kommt hin und wieder vor, dann taucht von links immer eine Gruppe auf und läuft unter Geschrei und Gebrüll vorbei. Das wird wohl auch diesmal so sein. Doch weit gefehlt!

Meine Augen sollen durch die Scheibe Dinge zu sehen bekommen, die sie in meinem Leben, von dem ich gar nicht weiß, wie lange es schon währt, nie zuvor erblickt haben.

Zuerst flattert ein Mädchen mit blondem Haar herbei … An ihrer Seite ein junger Mann, ein dunkler Typ, das Haar kohlrabenschwarz. Sie halten einander bei den Händen. Hinter ihnen eine Menschenmenge. Die Sonne strahlt sie an, sie leuchten. Dann die anderen ... die üblichen Schergen ... Wieder sind sie aus den dunklen Löchern hervorgekrochen. Lange Waffen tragen sie, auf den Mienen schwer beherrschbare Wut. Ob die je im Leben gelacht haben? Ihre Menschlichkeit haben sie tief in sich vergraben. Dem flatternden Mädchen brechen sie die Flügel, den Jungen machen sie nieder. Das Mädchen versucht, ihn zu halten. Er liegt auf dem Boden, Blut rinnt ihm aus dem Mundwinkel. Hilflos bin ich zum Zuschauen verdammt. Auf einmal breitet sich eine Gaswolke aus. Ein alter Mann bricht hustend zusammen. Eine Frau schreit aus Leibeskräften nach Hilfe. Die Welt versinkt im Nebel.

Als die Gaswolke sich wie ein Traum verflüchtigt, sind auf der Straße weder das flatternde Mädchen zu sehen noch der kohlrabenschwarzhaarige Junge, weder der alte Mann noch die schreiende Frau ... auch die anderen nicht ... Nur wenige Stunden sind vergangen, nun liegt die breite Straße wie leergefegt da, bis auf Vogelkadaver und ein paar torkelnde Straßenköter.

Ich gräme mich noch, immer hab ich so ein Pech, wieder bin ich nur Zeugin einer Niederlage geworden, da geschieht etwas nie zuvor Dagewesenes. Sie kommen zurück! Das Mädchen und auch der Junge, der alte Mann, die schreiende Frau und all die anderen! Sie haben ihre Wunden versorgt und sind nun viel mehr, viel mehr ... und noch viel mehr ...

Könnte ich doch nur die Augen

>>*Auf graue Mauern malen sie bunte Bilder. Sie spielen mit den Kindern. Sie werden selbst zu Kindern. Sie sind glücklich.*<<

schließen und müsste nicht mit ansehen, was geschieht! Bewaffnete Uniformierte, nun in gewaltigen Fahrzeugen, halten auf die Leute zu. Mit ihren Waffen feuern sie auf die Augen der Leute, gegen ihre schwachen Körper richten sie den Wasserstrahl, sie nebeln die ganze Welt mit Gas ein, bis alle am Ende sind ... Kurz erblicke ich im Nebel den Mann ohne Beine, er fuchtelt wild herum. Vor ihm steht ein Uniformierter mit Waffe. Der Mann reißt sein Hemd auf und brüllt, der Uniformierte hebt die Waffe. Der Mann ohne Beine hockt nun reglos da und starrt dem anderen in die Augen. Der Uniformierte senkt die Waffe.

Es belastet das Gewissen, immer nur Augenzeuge zu sein und nichts tun zu können, das ist die Verzweiflung der Gefangenschaft … Das traurige Ende mit ansehen müssen … Könnte ich doch nur fort von hier und in einem Müllcontainer versinken! Oder gleich im Erdboden!

Plötzlich ein ungeheures Klirren, unser Schaufenster geht zu Bruch! Zum ersten Mal streicht mir Wind durchs Gesicht. Wind … Das Gefühl von Freiheit, das den Schemen ferner Welten birgt.

Der Wind entfacht einen Brand in mir. Zwischen der Straße und mir liegt nur noch ein Schritt. Nur ein einziger Schritt!

Da taucht die Schöne Große Menge wieder auf. Die Leute bauen ihre Körper als Schilde vor den Bewaffneten auf. Sie schreiten voran. Gas und Staub, Nebel und Rauch zum Trotz marschieren sie. Sie lachen und gehen weiter. Dann beginnt ein Auf und Ab. Die Menschen wogen hin und her und werden immer mehr. Die Uniformierten rücken vor und weichen zurück. Leute kommen zu Fall, andere helfen ihnen auf. Sie klopfen sich den Staub ab und gehen weiter, marschieren auf die Uniformierten und Waffen und Schilde zu!

Ich halte den Atem an und erwarte eine neue Katastrophe, doch so weit mein Blick reicht, entsteht hier eine neue Welt. Eine Welt ohne Uniformierte, in der Frauen und Männer, Alte und Kinder sich gemeinsam, alle gemeinsam auf das Pflaster setzen und träumen! Sie singen gemeinsam. Sie umarmen einander und lachen. Mitten auf der Straße tischen sie gewaltig auf und essen alle zusammen. Sie berühren einander und ihre Zweifel verebben. Sie wirbeln und tanzen, sie halten einander an den Händen und drehen sich im Kreis. Sie richten sich ein, schlafen hier, stehen auf und pflegen ihre Wunden. Auf graue Mauern malen sie bunte Bilder. Sie spielen mit den Kindern. Sie werden selbst zu Kindern. Sie sind glücklich.

Auch der Mann ohne Beine hat sich zu ihnen gesellt. Er lacht und tanzt mit seinen Armen mit. Er schaut zu mir herüber und sagt: Komm auch du!

Mir kribbeln die Beine. Ich fürchte mich. Ich will zurücktreten, es geht nicht. Soll ich den Schritt wagen? Unbändige Aufregung in meinem Herzen! Der Wind haucht meinem Körper Leben ein und mir Mut. Das Schaufenster in Scherben, eine Schwelle nur, ein Sprung nur darüber … Ein Schritt … Soll ich mich unter die Menge mischen, ein Mensch unter Menschen werden? Jemandes Hand nehmen, wenn jemand mich an der Schulter fasst … Gemeinsam gehen, Schritt für Schritt … Auf und davon … Und lachen … Ob ich das schaffe?

»Das Volk«

Barış Müstecaplıoğlu

Der Farbengarten

Müde schleppte sich der Nazkor-Bär im Schatten der hohen, breitblättrigen Bäume voran. Seit wie vielen Tagen war er unterwegs? Waren es zehn oder elf? Womöglich waren es schon zwei Wochen, er war sich nicht mehr sicher. Die Müdigkeit raubte ihm den Verstand. Er hielt inne, kratzte sich die juckende Pranke an der harten Rinde eines Baums und versuchte zu erschnuppern, wo der leckere Honigduft herkam, der ihm um die Nase wehte. Er hatte einen Bärenhunger, der Honigduft schien aber nicht aus einer bestimmten Richtung zu kommen, sondern von überall her, weshalb er zu der Überzeugung gelangte, dass er bloß davon geträumt hatte. Hoffnungslos setzte er seinen Weg fort.

Von weit oben, über den höchsten Ästen, ertönte ein Geräusch. Aus Furcht vor einem Feind blieb der riesige Bär stehen und blickte hinauf. Auf diesem fremden Boden musste er mit allen möglichen Katastrophen rechnen. Die kräftigen, scharfen Pranken waren auf jeglichen Angriff gefasst, die Muskeln angespannt, im weit aufgerissenen Maul blitzten seine spitzen Zähne. Dennoch stand die Angst vor dem Ungewissen in seinen Augen. Die Äste über seinem Kopf teilten sich, Blätter regneten auf ihn herab; ein stattlicher Schatten glitt flugs herab und landete zu seinen Füßen.

Die menschengroße Kreatur hatte vier Arme und breite Flügel, die Schlitzaugen waren orange. Das Wesen schnappte heftig nach Luft, weshalb die vom Kinn herabhängenden Rüsselchen hin und her wackelten. Dem japsenden Atem nach kam es von weit her und hatte einen langen Flug hinter sich. Das Flügelwesen warf einen Zweig, der sich in seinen schneckenförmigen Hörnern verfangen hatte, auf den Boden und sprach den Bären mit bedeutsamem Lächeln an.

»Entspann deine Pranken, mein Freund. Ich bin nicht dein Feind. Ich hege nicht die Absicht, mich mit irgendjemandem zu zanken, lieber hebe ich mir meine Kräfte für wahre Dämonen auf. Ich beobachte dich schon seit ein paar Tagen von oben, wir scheinen den selben Weg zu haben, deswegen wollte ich einmal Hallo sagen. Vielleicht leisten wir einander ein wenig Gesellschaft. Gehst du auch in den Farbengarten im Dorf Hermeton?«

Der Nazkor-Bär hatte auf den ersten Blick erkannt, dass es sich bei dem Wesen um ein Erasnamus handelte. Erasnamusse hielten sich generell von Menschen und anderen intelligenten Lebewesen fern und mieden das Landesinnere. Dass sich das Erasnamus in diesen gefährlichen Zeiten hier aufhielt, konnte er sich nicht recht erklären. Der Bär sah sich prüfend um, ob er es mit einer Falle zu tun haben könnte, konnte in der näheren Umgebung aber niemand anderen entdecken.

»Wenn du mir nichts tust, tu ich dir auch nichts«, sagte das Erasnamus spöttisch. Es sprach, als fühlte es sich dem fünfmal so großen Bären ebenbürtig. »Ich heiße Faletper, und im Gegensatz zu den anderen Erasnamussen mag ich Schamanen. Bislang wart ihr uns nicht sonderlich von Nutzen, aber geschadet habt ihr uns auch nicht. Eure Tänze und Riten haben mich immer fasziniert. Ich habe etwas Zwieback dabei – wenn du magst, können wir ihn uns gern teilen. Seit dem ersten Tag habe ich nicht gesehen, dass du eine Pause eingelegt oder etwas gegessen hättest. Du musst müde sein. Es ist bestimmt nicht leicht, tagelang in Bärengestalt herumzuspazieren!«

Der Nazkor-Bär stellte sich auf die Hinterbeine und hob die Pranken. In aufrechter Haltung wirkte er noch imposanter. An dem einen Hinterbein war an einem starken Seil ein verschlissenes Bündel befestigt. Bewundernd betrachtete das Erasnamus den stattlichen Körper des Tiers, empfand aber keinerlei Angst.

Wie bei einem Vulkanausbruch zersprang mit einem Mal der riesige Leib des Bären in Millionen Teile, die sich im Nu in den Körper eines älteren Mannes verwandelten. Nackt stand er im Schatten der Bäume. Er war von mittlerer Statur, das weiße Haar reichte ihm bis auf die Schultern, am Kinn trug er ein Büschel Barthaare. Ruhig warf er sich den zerlumpten Umhang über, den er aus dem Bündel gezogen hatte, und hängte sich seine Schamanentrommel, deren Leder mit Tiermotiven bemalt war, über die Schulter.

»Und ich heiße Nemikor«, erwiderte er höflich. »Ich mag die Erasnamusse. Zumindest mag ich sie lieber als die vielen bösartigen Völker hier in der Gegend … Deine Vermutung ist richtig. Ich bin auf dem Weg nach Hermeton und sage zu ein paar Zwiebäcken nicht Nein. Lass uns Feuer machen und uns ein wenig aufwärmen. Ohne das Fell des Nazkor-Bären ist für einen schwachen Menschenkörper die Kälte nur schwer zu ertragen.«

Faletper und Nemikor sammelten Reisig in der Umgebung und kamen so in den Genuss eines bescheidenen Feuers. Nach kurzer Verschnaufpause aßen sie sich an dem leckeren Erasnamus-Zwieback satt. Allmählich fassten sie Vertrauen zueinander und begannen zu plaudern.

»Du gehst zum Farbengarten, stimmt's?«, fragte Faletper mit einem Leuchten in den Augen. Zwei seiner vier Arme hatte er ineinander verschränkt, die beiden anderen lagen auf seinen knochigen Beinen. »Derzeit gehen alle nur deswegen nach Hermeton.«

Er warf einen Zweig ins Feuer und fuhr fort.

»Es geht dermaßen drunter und drüber, diesmal hat der tyrannische Sultan wirklich einen Bock geschossen! Er glaubt, alles läuft nach seinen Wünschen, aber Fehlanzeige! Als er uns Erasnamusse aus unserer Heimat vertrieb, bekamen wir von den Menschen keinerlei Unterstützung, aber diese Zeiten sind vorbei. Wir müssen gemeinsam gegen den Sultan vorgehen, sonst kommen wir niemals gegen ihn an! Es freut mich sehr, dass sich auch die Schamanen an unserem Kampf beteiligen. Viele Menschen lieben euch, deshalb werden wir schnell immer mehr Zulauf bekommen.«

Nemikor steckte sich den letzten Zwieback in den Mund und sah das Erasnamus fragend an.

»Ich verstehe nicht recht, wovon du sprichst. Es stimmt, ich gehe zum Farbengarten, aber nicht, um mich zu streiten. Ich will meinen Enkel finden, der sich an diesem unsinnigen Aufstand beteiligt, und ihn ins Dorf zurückbringen. Wir wohnen sehr weit weg von hier, was haben wir da mit Hermeton oder dem Farbengarten zu schaffen! Mein Enkel läuft nur seinen Freunden hinterher, sie haben keine Ahnung, was ihnen alles zustoßen kann … Sie werden ihnen wehtun. Selbst wenn er am Leben bleibt, wird er sich entweder einen bleibenden Schaden einhandeln oder im Kerker landen. Das ist kein Krieg, den eine Handvoll Bauern gewinnen kann. Sind ein Garten und ein paar Bäume so viel Leid wert? Außerdem hat der Sultan seine Boten ausgeschickt – es heißt, selbst wenn der Garten verschwände, würden an anderen Orten des Landes neue Gärten angelegt. Also kein Grund zu Übertreibungen.«

Mit einem tiefen Seufzer starrte das Erasnamus den alten Mann an.

»Und ich dachte immer, der Mensch würde im Alter weiser. Aber manchmal führt das Alter nur zu mehr Falten im Gesicht! Hörst du eigentlich, was du da redest, Schaman Efendi? Wir sprechen vom Farbengarten, nicht von irgendeinem! Von einem Ort, den das Dorf Hermeton seit Jahrhunderten schützt, achtet und zu einem Bestandteil seines Lebens gemacht hat. Junge Verliebte treffen sich dort heimlich, die Senioren sitzen zwischen den Blumen und erinnern sich an die guten alten Zeiten. Es ist der einzige schöne Park in der ganzen Umgebung. Was haben die Hermetoner von neuen Gärten in anderen Teilen des Landes? Der Sultan lässt sie doch nur für seine Anhänger anlegen – und nicht für die Hermetoner, die Erasnamusse oder die Schamanen. Das ist eigentlich auch nicht unser Problem! Unser eigentliches Problem besteht darin, dass der Sultan glaubt, er könnte nach Belieben einfach diesen Garten plattwalzen. Dass er meint, er hätte das Recht dazu. Dass ihm nur seine Unterstützer wichtig sind und er die Gefühle und Wünsche der anderen mit Füßen tritt. Alle Dörfer zahlen Steuern, aber er interessiert sich nur für seine Getreuen.«

Faletper holte tief Luft und sprach dann weiter, denn er sah, dass er das Interesse des Schamanen geweckt hatte.

»Wenn wir heute dazu nicht Nein sagen, werden wir morgen auch zu anderen Barbareien nicht Nein sagen können, lieber Freund. Genau deswegen will ich an der Seite der Hermetoner um den Erhalt ihres geliebten Farbengartens kämpfen, auch wenn ich noch nie dort war. Damit sie, wenn es darauf ankommt, auch an meiner Seite sind. Der Farbengarten ist nicht nur ein Garten, er ist ein Weg, um dem Sultan zu sagen, dass er nicht machen kann, was er will, dass er nicht mit unserem Leben, unseren Werten und Dingen, die uns lieb sind, spielen kann; um herauszuschreien, dass er uns in Frieden lassen soll. Ich denke, genau deswegen ist auch dein Enkel dort … Nicht nur, um einen Garten zu schützen, sondern um herauszuschreien, dass er bereit ist, für die Freiheit zu kämpfen.«

»Sie können den Kampf nicht gewinnen«, sagte der Schamane und blickte hoffnungslos in die Ferne. Er gab dem Erasnamus recht; die Erinnerungen an ähnliche Auseinandersetzungen in seiner eigenen Jugend aber und die damit verbundenen Enttäuschungen breiteten sich in ihm aus wie ein Geschwür. Auch er hatte seinerzeit gegen Tyrannei gekämpft, aber jedes Mal hatten sie verloren, und er war des Verlierens müde. Das Einzige, was er wollte, war ein wenig Seelenfrieden.

»Die Hermetoner sind nur eine Handvoll unbewaffneter Bauern, die anderen sind Junge, Alte, Leute aus dem Volk, die nicht zu kämpfen verstehen. Welche Chance hätten sie gegen ausgebildete Soldaten?«

»Man kämpft nicht, um zu gewinnen«, sagte Faletper und starrte in das knisternde Lagerfeuer. »Man kämpft, weil es eine Sache gibt, für die es sich zu kämpfen lohnt. Man kämpft, um sich nachts mit dem Gefühl ins Bett zu legen, kein Feigling zu sein, und um keine Gewissensbisse haben zu müssen. Sieg oder Niederlage sind nur ein Ergebnis, nicht aber der Zweck.«

Der Schamane gab darauf keine Erwiderung.

Nach diesem Abend waren Faletper und Nemikor noch weitere drei Tage gemeinsam unterwegs. Als sie Hermeton erreichten, war es bereits wieder Abend. Die Sonne ging allmählich unter und hüllte die Umgebung in eine friedliche, stille Dunkelheit. Die heruntergekommenen Häuser waren ein Hinweis auf die Armut im Dorf. Die Pferde und Kühe auf der Weide waren nur noch Haut und Knochen. Bis auf einige wenige Leute, die zu alt waren, um in den Garten zu gehen, war der Dorfplatz menschenleer, in keinem Haus brannte Licht.

Die Menge im Farbengarten drängelte sich an den Fackeln, versuchte sich zu wärmen und erwartete unter gegenseitiger Ermutigung den für die Nacht angekündigten Angriff der Soldaten des Sultanats. Als den Bewohnern zu Ohren gekommen war, dass an die Stelle des Gartens mit all den Erinnerungen ein hässlicher Tempel aus Stein gebaut werden sollte, hatten am ersten Tag nur einige wenige Hermetoner protestiert. Als die Soldaten des Sultanats sie beinahe zu Tode prügelten, stellten sich am nächsten Tag all ihre Freunde und Familien auf ihre Seite. Auch die neu Hinzugekommenen wurden, egal ob jung oder alt, zusammengeschlagen, was dazu führte, dass auch aus den Nachbardörfern Menschen herbeieilten, um gegen diese Gewalt zu rebellieren. Schnell sprach sich im ganzen Land herum, welche Brutalitäten sich allnächtlich im Farbengarten abspielten, und von überall strömten die Menschen herbei, erbost über die Tyrannei des Sultans. Tausende versammelten sich hinter den Mauern.

Beim Betreten des Gartens erstaunte den alten Schamanen die Vielfalt in der Menge. Sogar die Bewohner von Dörfern, die seit Ewigkeiten in Blutfehde miteinander lagen und normalerweise niemals zusammengekommen wären, tanzten miteinander und amüsierten sich. Schlangenschwänzige Harnane

52

»*Schlangenschwänzige Harnane und Nasras mit ihren weißen Pupillen teilten ihr Brot miteinander, als gehörten sie der selben Rasse an…*«

und Nasras mit ihren weißen Pupillen teilten ihr Brot miteinander, als gehörten sie der selben Rasse an, und sangen gemeinsam ihre jeweiligen Volkslieder, soweit es ihnen sprachlich möglich war. Kelibeler, die den Sonnengott verehrten, und den Meeresgott anbetende Ulonaer plauderten freundschaftlich miteinander. Der gemeinschaftliche Widerstand gegen die Barbarei schien sie die Unterschiede und Reibereien der Vergangenheit vergessen zu lassen. Junge Leute liefen zwischen den Bäumen umher, verteilten gratis Essen und verschenkten Bücher und Blumen. Musik, Tanz und Gelächter belebten den ganzen Garten. Beim Anblick dieses bunten Bilds wurde dem alten Schamanen warm ums Herz, und mit einem Mal verstand er, warum sein Enkel hier sein wollte. Hier veränderte sich jeder zum Besseren, Tugendhafteren; das Gefühl, das Richtige zu tun, förderte ihre innere Schönheit zutage.

Nachdem er eine Weile durch den Garten geschlendert war, entdeckte er seinen Enkel, der mit Freunden unterschiedlichster Rassen einen Kreis gebildet hatte und ein lustiges Spiel spielte. Er ging zu ihm und legte ihm lächelnd die Hand auf die Schulter. Der junge Bursche sah ihn beschämt an, bemerkte dann aber den ermutigenden und verständnisvollen Blick in den Augen seines Großvaters und lächelte erleichtert zurück.

Es dauerte nicht lange, da traten die Soldaten des Sultanats zwischen den Bäumen hervor. In weitem Kreis hatten sie den Farbengarten umzingelt. Der tiefe Hass und Zorn in ihren Gesichtern standen in völligem Widerspruch zu der Freude und den Gesängen im Garten. Die jungen Leute waren unbewaffnet, sie hatten höchstens ein paar Steine in der Hand, die Soldaten aber steckten von Kopf bis Fuß in Eisenrüstungen und schwenkten bedrohlich ihre Morgensterne und Schwerter. Hinter ihnen tauchten aus dem Wald riesige Kampfwagen auf, die auf drei Seiten mit Schutzschilden gepanzert waren und von je zwei kräftigen Hengsten gezogen wurden. Auf den Kampfwagen standen stolze Zauberer des Sultanats mit ihren Leibwächtern. Im Gegensatz zu den ärmlich gekleideten Bauern trugen sie Umhänge aus Goldbrokat, ihre Hände steckten in Eisenhandschuhen, die Diamantringe zierten. Diese Zauberhandschuhe schützten ihre zarten Finger vor den Feuerbällen, die sie schufen. Von dem, was man in Gold für die Kampfwagen und Handschuhe ausgegeben hatte, hätte ein ganzes Dorf bequem eine ganze Woche leben können.

Wohl wissend, dass ihm niemand zuhören würde, leierte der großgewachsene, breitschultrige Offizier an der Spitze der Soldaten den Warnbrief lautstark herunter.

In dem Text war die Rede davon, zu kapitulieren, Gehorsam zu leisten, die Ordnung zu wahren, nicht zu revoltieren und zu erkennen, wie wichtig es sei, sich dem Schicksal zu ergeben. Des Weiteren hieß es, dass der Sultan genau wüsste, was das Beste für sie sei, und dass in verschiedenen Teilen des Landes Gärten angelegt würden. Die Menge im Farbengarten quittierte diese Sätze, die sie sich gezwungenermaßen allabendlich anhören musste, mit lautem Gelächter.

Die Zauberer streckten ihre behandschuhten Hände aus und wiederholten Zauberworte in einer Sprache, die nur sie allein beherrschten. Trotz ihrer Rüstungen und Waffen fürchteten sich die Soldaten vor der ungebrochenen Willensstärke der Protestierenden im Garten und benötigten die Kraft der Zauberer, bevor sie den Farbengarten betraten. Die Feuerbälle, die in den Handschuhen wuchsen, stiegen einzeln auf und stürzten nacheinander in den Garten. Jeder zog einen Rauchschweif hinter sich her, und im Nu sah man vor Flammen und Rauch die Hand nicht mehr vor Augen.

Lächelnd betrachtete der alte Schamane den auf sie zufliegenden Feuerball. Er wusste, dass sie diesen Krieg nicht gewinnen konnten. Der Tyrann war viel mächtiger als sie. In jenem Moment aber wurde er gewahr, dass es ein größerer Triumph war, im Kampf um einen guten Zweck zu unterliegen als unter dem Befehl eines Tyrannen zu gewinnen.

Er nahm die verschwitzte Hand seines neben ihm stehenden Enkels in die seine und lächelte den Feuerball an. Zum ersten Mal seit vielen Jahren fürchtete er sich vor gar nichts, und das war mehr wert als alles andere.

»Du gehst zur Arbeit? Nimm eine Packung Kekse mit, verteil sie an die Kollegen im Büro.«
Einer von vielen Freiluft-Solidaritätsbasaren im Gezi-Park

Suzan Geridönmez

Hacı ist tot!

Seit drei Stunden stehst du schon hinter dem Süßwarenstand. Die Füße schmerzen. Unauffällig verlagerst du dein Gewicht von einem Fuß auf den anderen. Ebenso unauffällig schaust du dich um.

Da lösen sich zwei Mädchen aus der Menge, die unablässig an dir vorüberwogt. Die Mollige packt die Freundin am Arm, die in deine Richtung stiebt, und hält sie auf. Du siehst sie diskutieren. Der Wind raschelt im Laub über deinem Kopf und du lauschst ihrem Gespräch. »Was soll ich machen, ich bin unterzuckert …«, schnappst du auf. Sie lachen und der Rest des Satzes geht unter. Du senkst den Kopf, als frörest du, und spitzt die Ohren. »Nutznießer allesamt …« »Wo es das doch gratis gibt …« Wieder Gekicher.

Wovon reden die?

Noch bevor du zum Nachdenken kommst, fällt der Groschen. Natürlich! Eben liefen hier noch Leute mit Megafonen herum und machten Durchsagen. Wie war das? Kauft nicht mehr bei fliegenden Händlern, Handel, der dem Kollektiv schadet, wird nicht länger toleriert, der Revolutionsmarkt sorgt dafür, dass alle mit allem versorgt werden, was sie im Park brauchen!

Die reinste Kommunistenbrut!

Zwei Räder, eine kleine Vitrine, du langst nach der Gebäckzange, die auf deinem Süßwarenstand liegt, und nagst an deinen Lippen. Sie fordern die Beamten dieses Staates doch wahrhaftig auf: »Verkauf Simit und führ ein Leben in Würde!« Wenn bei ihren Worten wenigstens das eine zum anderen passte! Sprich hier von Freiheit und Gleichheit und verjage dort die Straßenhändler aus dem Park! Klar, bei dir liegt die Sache anders. Aber die anderen ernähren eine Familie damit. Bäume! Was sind schon Bäume! Haben die kein Mitleid mit Babys, die auf Milch warten?

Während du mit deiner Zange so tust, als müsstest du das Sirupgebäck ordnen, zuckeln die Mädchen in Richtung Revolutionsmarkt davon. Du stierst auf die Beine der Molligen. Elf Uhr nachts und das Mädchen ist nackt. Natürlich nicht völlig unbekleidet. Leggings trägt sie. Gleich Strumpfhosen, hauteng und hauchdünn.

Dir fällt deine Dings ein. Deine Pistole. Weil sie so schwer ist, musst du alle paar Minuten den Hosenbund hochziehen. Inzwischen hast du den Dreh heraus. Eine rasche, flinke Bewegung und die Hose sitzt wieder. Als du ebenso geschickt kontrollierst, ob deine Wolljacke die Ausbeulung an der Hüfte verdeckt, begegnet dein Blick dem eines Typen, der mit dem Fahrrad in den Park kommt. Einen Glatzkopf hat er und lächelt wie blöd. Nicht dich an. Nicht vor sich hin. Er lächelt in den Park hinein!

Du hast bei ihm keinen Verdacht erregt, warum also sollte er dir suspekt sein. Ein »einheimischer Tourist«, das verrät die Art, wie er sein Fahrrad schiebt und mit der Zungenspitze die Lippen befeuchtet, während er die über seinem Kopf flatternden Transparente liest. Wahrscheinlich ist er zum ersten Mal hier.

Hab ich's nicht gesagt? Gleich hat er sein Handy gezogen und knipst, was ihm unterkommt. In den letzten Tagen sind die hier wie Pilze aus dem Boden geschossen. Bevor wir sterben und bevor der Staat hier alles räumt, wollen wir das gesehen haben, denken sie. Einige glauben tatsächlich, die Regierung würde es nicht mehr wagen, hier einzugreifen. Die sind vielleicht blöd und so was von naiv. Sie kommen her wie zu einem Spaziergang am Strand, Kind und Kegel bringen sie mit und bevölkern abends den Park.

Mann, was hast du hier zu suchen, wenn du Familie hast? Erst herkommen und Streit suchen, dann jammern, die haben mich mit Reizgas beschossen!

Richtig, in einer oder einer halben Stunde schon geht's hier rund. Du tust gut daran, dich auf die Socken zu machen. Auch die Çarşı-Fans halten schon Einzug. Das verraten dir die Welle, die durch die Menge läuft und auch dich zum Teich hinzieht, und die Parolen, die im ansteigenden Raunen losdonnern. Gleich skandieren sie wieder: »Das ist erst der Anfang! Unser Kampf geht weiter!«

»Hey!«

Das ist keine Parole wie aus einem Mund, die du da hörst, es ist ein Ruf aus einem einzelnen Mund: »Hey!« Instinktiv drehst du den Kopf. Nein, du hast dich nicht getäuscht. Du bist der Adressat dieses Hey. Der Absender ist der Typ mit dem Fahrrad.

Das Rad lehnt mittlerweile am Strommast rechts neben dem Zierteich. Der Mann läuft. Mit raschen Schritten. Auf dich zu.

»Hey!«, ruft er noch einmal. »Hey, Hacı!«

Hacı?

Du stutzt. Um der Hand auszuweichen, die sich auf deine Schulter legt, beugst du dich zurück. Du liest das sichere Wissen in den zusammengekniffenen Augen, die dich von Kopf bis Fuß mustern, und …

Und verweigerst die Erinnerung. Seit acht Jahren bist du bei der Polizei. Das erste Jahr hast du in der Ausbildung verbracht, die letzten sieben bei der Zivilstreife. Seit fünf Tagen verkaufst du in diesem gottverdammten Park Süßwaren an Atheisten, Feministen, Tunten und noch eine ganze Reihe weiterer Vaterlandsverräter, deren Bezeichnungen du gar nicht alle aufzählen kannst. Vor dem Pöbel, der immer wieder brüllt: »Helme runter, Knüppel weg!«, tust du so als ob. Würdest du nicht das Gewicht spüren, das sie nach unten zieht, könntest du dir jeden Augenblick in die Hosen machen. Wieder fällt es dir ein. Die Pistole ist da, bereit, geweckt zu werden. Hacı dagegen ist eine Leiche, die irgendwo in tiefster Finsternis ruht.

Oder?

Plötzlich steht dir der Schemen jenes glänzenden Studenten im Studiengang für Biologielehrer vor Augen. Dir schießt das Blut ins Gesicht. Damals, im dritten Studienjahr, warst du vom Unterricht genervt und davon, als Streber verschrien zu sein, spontan ließest du dir einen Bart stehen und fingst an, Pfeife zu rauchen. Den Spitznamen Hacı, die Ehrenbezeichnung für Pilger, verdankst du der Zeit damals und deinem kräftigen Bart, der selbst in der aktuellen Drei-Tage-Version die Röte deiner Wangen verdeckt.

Nun, immer mit der Ruhe! Keine Panik! Du tust so, als würdest du den Radler nicht kennen, und ziehst dich damit aus der Affäre.

Du starrst die Hand an, die deine Schulter fest im Griff hat, und atmest tief durch.

»Von den Pädagogen?«, fragst du.

»Mensch, erkennst du mich wirklich nicht? Ich bin's, Ahmet! Dein Mitbewohner!«

»Ahmet? Mein Mitbewohner?«, wiederholst du und glotzt den Radler an. »Du, Ahmet? Ist nicht wahr!«

Doch es ist wahr. Der glatzköpfige Radler mit den Pausbäckchen verwandelt sich auf einen Schlag in deinen ehemaligen Mitbewohner Ahmet. Du weißt gar nicht, wie dir geschieht, da umarmt er dich schon und hebt dich in die Luft.

Als du wieder Boden unter den Füßen hast, beäugt ihr euch wie zwei linkische Jungs.

»Wie viele Jahre ist das her, Cenk? Zehn? Fünfzehn?«, fragt Ahmet und schließt die Augen. »Wer hätte das gedacht«, murmelt er, »nach so langer Zeit, und dann hier … wie ein Traum!«

Du weißt nicht, ob Ahmet mit dem Traum das Wiedersehen meint oder den Rummel hier, du siehst, wie er aus dem Traum erwacht und aus der Innentasche seiner Jeansjacke sein Handy herausfingert. Er lässt das Display flitzen und redet dabei. Er müsse seiner Frau eine SMS schicken, sie warte drüben am Gemüsegarten auf ihn, ihr wolle er mitteilen, dass er einen lieben alten Freund getroffen habe und sich deshalb etwas verspäte. Nein, Gülce habe er nicht geheiratet, es ist eine andere. Sinem, seine Frau, sei seit dem ersten Tag hier dabei. Sie sei hergeeilt, kaum dass sie gehört hatte, dass die Ehrlosen die Zelte abfackelten. Seit zwei Wochen habe er sie nicht gesehen.

»Ich hatte außerhalb von Istanbul zu tun«, erläutert Ahmet. Mit einer Hand weist er auf sein Fahrrad. »Du wirst es nicht glauben, aber ich bin ganz von Ömerli hergeradelt. Ich hab's einfach nicht mehr ausgehalten. Das Projekt hab ich liegengelassen.«

Ahmet setzt noch kurz an, von der Fahrradtour und von seinem Projekt zu erzählen, einem experimentellen Kunstfilm, doch mitten im Satz bricht er ab. Jetzt sei er ja hier, nichts sei wichtiger als das. Nur dieses historische Ereignis nicht verpassen! Vor ein paar Wochen noch habe er sich geschämt für das Land, in dem er lebe. Nun finde er kaum Worte, den Stolz zu beschreiben, den er jetzt empfinde. Er könne immer noch nicht fassen, was hier geschehe!

»Und du?«, fragt er unvermittelt.

Du verstehst seine Frage falsch. Ein Schweißtropfen rinnt dir den Rücken hinunter und du wägst ab, wie viele Lügen du ihm auftischen kannst.

»Äh«, fängst du an, »vielleicht hast du davon gehört, ich stand mit leeren Händen da, als es nach dem Studium keine freien Lehrerstellen gab. Ich habe ein paar Jahre gewartet. Aber es ist schon heftig, arbeitslos zu sein. Irgendwann hab ich aufgesteckt.«

Du schaust Ahmet an, der verständnisvoll den Kopf schüttelt. »Na, egal«, sagst du, schluckst und greifst zu der Geschichte, die sie dir in der Ausbildung eingepaukt haben. »Ich war bei meiner Schwester in Holland. Zuerst lief auch alles super, als Kompagnon des Schwagers und so. Als der Laden aber letztes Jahr den Bach runterging … Und dann war da das Heimweh. Also, seit zwei Monaten bin ich zurück.«

»Und jetzt bist du hier!«, sagt Ahmet.

»Und jetzt bin ich hier.«

»So was«, sagt Ahmet und tritt zur Seite, um einer Gruppe Platz zu machen, die zwei große Tonnen auf den Platz rollt. »So was«, sagt er noch einmal. Während er davon redet, dass der Geist von Gezi nicht nur alle vereint, sondern auch alte Freunde wieder zusammenführt, öffnet er breit die Arme. »Komm, lass dich noch mal umarmen!«

Du weißt, dass du jetzt nicht zögern solltest. Doch irgendetwas, vielleicht die Pistole an deiner Hüfte, hält dich davon ab, ihm in die Arme zu fallen. Einmal kommst du davon, zweimal, beim dritten Mal aber … denkst du, als Ahmets Blick auf deinen Süßwarenstand fällt, der verlassen hinter dir steht. Ahmet starrt die verschrumpelten Teilchen an, von denen der Sirup längst heruntergetropft ist, dann dich. Deine schäbige Strickjacke, deine ungebügelte Hose, deine verschossenen Sportschuhe.

Als du wie resigniert mit den Schultern zuckst, fühlst du dich wie ein Roboter, bei dem die Schrauben locker sind. Roboterhaft sagst du: »Brötchen verdienen …«

»Du nimmst mich auf den Arm, oder?!« Ahmets Stimme ist so rau, dass du kaum verstehst, was er sagt.

Du weißt nicht, warum er so enttäuscht ist. Doch du willst nicht mit ansehen, wie sich die Verblüffung in den Augen deines alten Freundes in ein Gemisch aus Neugier und Mitleid verwandelt. Auch nicht, wie das Strahlen auf seinem Gesicht erlöscht und der Enttäuschung weicht. Du schabst mit dem Fuß die Kippen auf dem Boden beiseite und steigerst dich in eine Wut hinein, die dir wie Feuer das Herz verbrennt.

Was weiß er schon? Was, was weiß denn er schon?

Da geht das Licht aus. Der Park versinkt im Dunkeln. Ein paar junge Leute, die bei den Sträuchern gesessen hatten, holen aus einem Zelt eine Gaslampe für Picknickzwecke. Einer ruft: »Die Hunde! Haben sie uns schon wieder den Strom abgestellt!« Du hörst einen Hund heulen, mitten in der Aufregung, die alle ringsum erfasst. Ein Mädchen mit Rastalocken fragt: »Hat jemand Hunger?«, und geht mit einem Tablett voller Börek in der Menge umher. Jetzt im Licht der Picknicklampe siehst du auch Ahmet wieder. Siehst, dass er dich anschaut. *Wie* er dich anschaut.

Er muss nichts mehr sagen. Doch er will noch immer an den alten Hacı appellieren. Will an der Wunde rühren, die schon vernarbt war. Als wäre es das Selbstverständlichste in der Welt der Ehre und Würde, fragt er: »Warum verkaufst du nicht Simit, wenn das so ist?«

Deine Hand tastet nach der Beule an deiner Hüfte. »Was weißt denn du schon?«, zischelst du. Deine Stimme gleicht der Luft, die einem Ballon entweicht. Ein paar Sekunden verharrst du reglos. Dann drehst du dich um, schnappst dir den Stand und schiebst ihn Richtung Metro-Eingang.

Bald wird hier der Teufel los sein, du hast nicht vor, dich von den ersten Reizgasgranaten erwischen zu lassen. Dein Vorgesetzter erwartet deinen Bericht. Du legst noch einen Schritt zu, »Ich hätte ihn wenigstens warnen können«, denkst du. Doch du täuschst dich. Hacı ist tot. Und du verkaufst nicht Simit.[1]

---

1 »Polizist, verkauf Simit und führ ein Leben in Würde!«, lautete eine Parole bei den Gezi-Protesten.

»Überall ist Taksim, wir sind alle marginal.«

Burhan Sönmez

Ein Buch aus der Gezi-Bibliothek

Der Roman *Die Jungen der Paulstraße*[1] erzählt, wie Jungen in einer Stadt um ihren Spielplatz kämpfen. »Hoch der Platz!«, rufen sie für die letzte Fläche, die ihnen zum Spielen verblieben ist. Angesichts der Bauwut verteidigen sie einen Gemeinschaftsplatz. Im Häusermeer ist der kleine Platz ihnen so viel wert wie die Steppe, die Ebene oder die endlos weite Prärie. Die Kinder haben nichts, wohin sie ausweichen könnten, ebenso wenig haben sie einen anderen Platz zu verlieren.

Jede Geschichte schreibt eine andere fort.

Die Leute, die im Gezi-Park zusammenfanden, nahmen die Stimme der *Jungen der Paulstraße* auf. Sie beschlossen, den letzten Park im Stadtzentrum zu retten, und riefen: »Ein Hoch auf die Bäume!« Sie setzten sich auf den Boden und teilten Tee und Proviant miteinander. Sie brachten mit, was zu Hause übrig war, und gaben und nahmen voneinander ohne Gegenleistung, was sie brauchten. Mit gespendeten Büchern richteten sie eine Bibliothek ein. Unter den gebrauchten Büchern, so manche Zeile darin unterstrichen, fand sich auch der Roman *Die Jungen der Paulstraße*.

Jeder bediente sich nach Herzenslust in der Gezi-Bibliothek, Roza nahm *Die Jungen der Paulstraße* mit. Das Buch in der einen, Tee in der anderen Hand ging Roza durch die Menge. Ohne sich bei Gruppen aufzuhalten, in denen gesungen oder getanzt wurde, strebte sie auf das Zelt zu, das im Augenblick ihr Zuhause war. Tagelang hatte sie Hilfsgüter geschleppt und Barrikaden gebaut, sie war erschöpft, endlich nahm sie sich einmal Zeit für sich.

»Ein gutes Buch«, sagte ein Junge von der Gruppe nebenan.

»Unser Lehrer hat es uns empfohlen.«

»In welche Klasse gehst du?«

»Achte.«

»Ich auch. Ich bin Ali.«

»Und ich Roza …«

Die ersten Worte wechselten sie über das Buch, mit anderen Themen ging es weiter. Abends sangen sie Lieder. Sie engagierten sich an den Hilfsständen, gemeinsam verteilten sie Brot und Wasser. Mit kleinen Spielen vertrieben sie sich die Zeit und dachten sich Geschichten zu Leuten aus.

»Schau mal, der alte Mann da drüben, für den hab ich eine Geschichte«, sagte Roza. »Der ist heute zum ersten Mal auf dem Taksim. Er lebt in einem Gecekondu-Viertel am Stadtrand in einer Wohnung mit Ofenheizung. Eine Rente bezieht er nicht, deshalb arbeitet er als Baustellenwächter. Für ihn ist Istan-

---

[1]   Franz Molnár: Die Jungen der Paulstraße. Aus dem Ungarischen von Edmund Alkalay.

bul nur mit einer warmen Wohnung und einem reich gedeckten Tisch schön. Könnte er die Medikamente für seine kranke Frau zahlen, wäre er der glücklichste Mensch auf der Welt.«

Eine hübsche, elegant gekleidete Frau mit buntem Schmuck ging vorüber. »Und für die schreib ich eine Geschichte«, sagte Ali. »Von ihrer Wohnung aus sieht man in der Ferne den Bosporus. Sie ist stellvertretende Filialleiterin in einer Bank und verdient genug, um die Miete für ihre kleine Wohnung und die schönen Kleider zu bezahlen. Sie liest gern. Es stört sie, dass Konzerne sich alles unter den Nagel reißen und Geld der einzige Maßstab für alles sein soll. Deshalb kommt sie in den Gezi-Park.«

»Hat sie *Die Jungen der Paulstraße* gelesen?«

»Klar. Weil ihr Vater Schneider ist, muss sie immer an den Schneider in dem Buch denken.«

Immer wieder verloren Roza und Ali sich aus den Augen, dann trafen sie sich wieder, wenn Hilfsgüter transportiert wurden oder wenn sie etwas an die Mauern schrieben. Roza schrieb: »Unter dem Pflaster liegt der Strand« und Ali: »Lass uns zum Himmel schaun«[2].

»Die Tage vergingen wie im Flug, sie fanden nicht den geeigneten Moment, um von Liebe zu sprechen.«

Die Tage vergingen wie im Flug, sie fanden nicht den geeigneten Moment, um von Liebe zu sprechen. Die Verlegenheit, die am Anfang einer jeden Liebe steht, ergriff auch sie. Sie verschoben ihre Worte auf später. ›Morgen spreche ich von meiner Liebe‹, dachten sie vor dem Einschlafen und wachten am Morgen hoffnungsfroh auf.

Die letzte Nacht, als die Polizei den Gezi-Park räumte, verbrachte Roza im Kreis ihrer Schulfreunde. Sofort setzte sie Schwimmbrille und Gasmaske auf. Die Arbeitsteilung ergab sich von selbst. Wer Handschuhe trug, hob die Gasgranaten vom Boden auf und warf sie in Wassereimer, wer Erste-Hilfe-Spray dabei hatte, sprühte es denen ins Gesicht, deren Augen vom Tränengas brannten. Ein paar Leute liefen mit Filzstiften herum und schrieben jedem die nötigen Informationen auf die Arme. Auf Rozas rechten Arm schrieben sie ihre Blutgruppe, für den linken fragten sie nach einer Telefonnummer. Sollte sie verletzt werden, wüssten die Ärzte gleich ihre Blutgruppe, anhand der Telefonnummer auf dem anderen Arm könnte man ihre Angehörigen verständigen.

---

2   Zeile aus dem Gedicht »Haltestelle Himmelbetrachtung« des türkischen Dichters Turgut Uyar (Deutsch von Safiye Can).

Als sich in der Nacht Tränengas und Schreie vermischten, wurde Roza von einer Gaskartusche am Kopf verletzt. Sie fiel hin, versuchte sich wieder aufzurappeln, brach aber an Ort und Stelle zusammen. Erst verschwanden die Farben, dann die Geräusche. Als Roza im Krankenhaus zu sich kam, fragte sie nicht danach, wie lange sie ohne Bewusstsein gewesen war. Nicht der Verband um ihren Kopf, nicht das Serum an ihrem Arm kümmerten sie, sie schaute sich in der Hoffnung um, Ali zu sehen.

»Mädchen«, sagte der Arzt, »die Nummer auf deinem Arm konnten wir nicht erreichen.«

Ali hatte nicht so viel Glück wie sie. Er war einer der Ersten, die bei der Polizeiattacke getroffen wurden. Noch auf dem Weg ins Krankenhaus starb er, am folgenden Tag wurde er unter großer Anteilnahme beigesetzt. Das Lied mancher Menschen verklingt viel zu früh.

Als Roza aus dem Krankenhaus entlassen wurde, ging sie auf den Friedhof und strich Erde von Alis Grab auf ihren Arm, auf dem noch immer die Telefonnummer stand. Sie senkte den Kopf und weinte. Ali sollte nie erfahren, dass auf Rozas fein geäderter weißer Haut seine Telefonnummer stand.

Menschen, die wie Ali zu jung sterben, haben etwas mit Nemecsek gemeinsam, dem so mageren wie mutigen kleinen Jungen aus *Die Jungen der Paulstraße*. Nemecsek ist naiv und gut, er opfert sich für seine Freunde auf. Er ist es, der am Ende des Romans stirbt. Arm ist er und krank. Sein Vater, der Schneider, verzweifelt am Verlust des Sohnes, muss aber den Anzug für den hochmütigen Kunden fertig nähen, der ihn auch noch beleidigt hatte. Damit seine Tränen nicht auf den Rock des reichen Kunden fallen, schiebt er ihn beiseite. (»Das Schluchzen schüttelte seinen ganzen Körper. Und selbst jetzt gab er noch auf den braunen Rock des Herrn Csetneky acht, er nahm ihn von den Knien, damit keine Tränen darauf fielen.«) Der Tod und die Armen stehen auf dem selben Fleck, doch ihre Tränen benetzen nicht einmal den Anzug der Reichen.

Der Widerstand von Jung und Alt, wie ihn einst auch die Jungen der Paulstraße geleistet hatten, war nicht vergebens. Er hat sich gelohnt, um einer Liebe, um einiger Bäume und um der Tränen der Armen willen.

Murat Menteş

Sprungtritt

Die wichtigsten Gedanken sind diejenigen,
die unseren Empfindungen widersprechen.
Paul Valéry

Das Kind versetzte mir einen Sprungtritt, und ich dem Bullen.

Ich war im Hotel-Viertel und hielt Ausschau nach einem Taxi. Die Freunde hatte ich aus den Augen verloren. Ringsum Rauch und Geschrei.

Drei Uhr nachts. Ein Blick aufs Handy: Olcayto hatte genau 27 Mal angerufen.

Der Bulle schien mit seinen Kumpanen hinter mir her zu sein.

Mir flatterten Fragen durch den Kopf, deren Antwort ich nicht wissen wollte.

Olcayto stoppte das Youtube-Video. »Wie konntest du nur, Kardel?«

Eigentlich heiße ich Kardelen. Olcayto spart Stimme und kürzt ab. Im Gegenzug nenne ich ihn Olcay.

»Der Schein trügt. Der Bulle jagte einen Touristen …«

»Auf dem Video ist kein Tourist oder so was zu sehen …«

»Der war in der Nebengasse. Ich stand mit dem Bullen auf der Hauptstraße.«

»Du verlierst noch deine Zulassung. In den Nachrichten werden sie sagen: Karate-Meisterin Kardelen Karatempo streckt Polizisten im Dienst zu Boden!«

»Selbstverteidigung ist legitim, wie du weißt.«

»Im Kampf ja, aber vor Gericht?«

»Ich hatte auch an das Gericht gedacht.«

Olcayto ist ein feiner, höflicher Mensch. Darum habe ich ihn geheiratet. Jetzt war er allerdings leicht gereizt und ziemlich verzweifelt: »Schön und gut, aber du bist schwanger, Kardel!«

Vor drei Monaten begannen die Proteste im Gezi-Park. Ich bin im fünften Monat schwanger. Im 25. Monat unserer Ehe. Olcayto ist Dichter und Redakteur bei dem Lifestyle-Magazin *Gangster-Pyjama*. Er ist dagegen, dass ich mich an den Aktionen beteilige. »Du könntest dich verletzen«, sagt er. »Du könntest ums Leben kommen«, traut er sich nicht zu sagen. »Du musst an unser Kind denken«, sagt er. »Die Proteste sollten ein Ende finden«, sagt er, »dem Ministerpräsidenten geschieht eine Menge Unrecht …«

Im Radio läuft Ben Harpers Song *Excuse Me Mister*.

Wir sind im Schlafzimmer, in unserem Liebesnest, durch das mittlerweile Kriegsstürme fegen.

Und das Wortgefecht beginnt … Hajime![1]

»Die Proteste scheinen ein einziger Radau zu sein, und du amüsierst dich die ganze Nacht, wie?«

Das winzige Mädchen in meinem Bauch, mein verbündeter Engel, widerspricht seinem Vater mit einem Tritt. Eine Theorie besagt, dass Babys im Bauch der Mutter auch deren Träume teilen. Ich lächle.

Olcaytos Miene überzieht ein Hauch maßvoller Verachtung. »Du scheinst mit dir im Reinen zu sein …«

Ich gebe ihm Gelegenheit zum Gegenangriff, Go no Sen heißt das im Karate: »Wer sagt denn, dass die Protestierenden unglücklich sein müssen?«

»Merkst du es denn gar nicht, Kardel, das ist doch eine globale Operation! In allen möglichen Gegenden der Welt proben die Massen den Aufstand. Tunesien, Ägypten, Brasilien … und jetzt Türkei!«

Ich atme tief ein: »Die Gezi-Proteste sind kein sozialer Krawall, sondern das Einfordern demokratischer Rechte, klar? Die stärkste Kraft der türkischen Demokratie ist das Volk. Bei uns ist die Gesellschaft demokratischer als alle, die gewählt und eingesetzt wurden. Aus eben diesem Grund ist die Türkei keine militaristische Gesellschaft wie Ägypten oder Israel.«

Er zieht eine Flunsch: »Ach ja? Kündet es also von strahlenden Tagen, wenn ihr öffentliches Eigentum beschädigt? Hältst du Chaos etwa für ein Hoffnungszeichen?«

»Sperr deine Ohren auf und hör mir gut zu, Olcay: 2005 gab es große Proteste in Paris und 2011 in London. Bei den Aktionen in Paris wurden Tausende Autos abgefackelt. Schwarzer Rauch stieg über der Hauptstadt der Romantik auf. In London gab es Straßenschlachten. Aber niemand kam auf die Idee zu behaupten, England oder Frankreich gingen unter. Öffentliches Eigentum kann niemals höher bewertet sein als die Emotionen einer Gesellschaft. Dazu kommt, dass die Sachbeschädigungen in Istanbul gar nichts sind gegen die von Paris. Hör zu: Die grandiosesten Aktionen in der Geschichte des Protestes stammen von uns. Die Gezi-Proteste liegen weit über dem europäischen Standard.«

»Wie kommst du denn darauf?«

»Die Leute richten auf dem Platz Bibliotheken ein. Aktivisten lesen mitten auf dem Platz Bücher. Die Proteste sind also intellektuell fundiert. Du bist Dichter, wie konnte dir das entgehen? Es finden Konzerte statt. Ausstellungen werden organisiert. Es gibt Yoga, Gymnastik, Tanz … Leute mit ganz unterschiedlichen Ideologien handeln gemeinsam. Überall stehen lustige und eingängige Parolen. Das gab es in Paris nicht. Und denk mal an London: Da wurde vor zwei Monaten, im Juni, erneut demonstriert. Die Engländer malten Slogans wie: ›Gezi, lass dich nicht kleinkriegen!‹ Und was haben wir getan?«

---

1 Karate-Kommando: Anfangen!

»Ist das Çarşı, Mann?«

»Ja, was denn?«

»Wir haben dem Premierminister das Wort im Mund umgedreht. ›Die sind mit Schuhen in die Moscheen und haben da Alkohol getrunken‹ und ›Unser Nationalgetränk ist Ayran‹, hatte er gesagt. Also schrieben wir: ›In London sind sie ohne Schuhe in die Kirchen gegangen und haben da Ayran getrunken!‹«

Mit Mühe unterdrückte Olcayto das Lachen, das ihm aus der Kehle wollte.

Weiter im Text: »Auf ein altes Beatles-Poster schrieben wir: ›Nationalistenverein Liverpool‹! Die türkischen Demonstranten sind friedlicher und klüger als die in Europa und sie haben mehr Power. Das ist es, worüber die ganze Welt staunt, es weckt Hoffnung und uns macht es stolz. Ein paar Leute wollen aber die Realität nicht wahrhaben. Nicht mal du!«

»Und was sagst du zu den Beleidigungen und Beschimpfungen des Ministerpräsidenten? Sind auch die Inspiration für die ganze Welt, Protestprinzessin?«

»Die Beleidigungen verteidige ich nicht. Aber zwei Sätze dazu: Beleidigungen sind erstens ein Ausdruck von Hilflosigkeit in puncto Verständigung. Sie sagen: ›Du verstehst mich nicht.‹ Zweitens: Fast keine Beleidigung ist im Wortsinn gemeint. Niemand will ernsthaft, dass ein nicht mehr junger Mann in sexuellen Kontakt zu seiner verstorbenen Mutter tritt. Vielmehr sind solche Beleidigungen ein Mittel, um zu sagen: ›Du verdienst in meinen Augen keinen Respekt.‹«

»Unsinn! Wieso bringen Leute, die Respekt für sich selbst einfordern, keinen für andere auf? Das ist doch inkonsequent!«

»Ganz einfach, dein großer Führer fordert Respekt auf eine Art ein, wie ein Feudalherr es tut. Wir leben aber nicht mehr im Feudalismus. Wir sind keine Sklaven! Wir folgen nicht sklavisch jeder Bewegung und jedem Wort des Herrn! Wir leben im Informatik-Zeitalter, Olcay. Hier haben schon Kinder von neun Jahren ihre eigenen Sender. Eine indische Hausfrau kann auf ein Statement von Obama reagieren! Wenn ein politischer Führer jeden Tag vierzehn Stunden lang vom Bildschirm herunterpredigt, spielt er sich vor den Leuten als großer Mann auf. Was du mit vierzehn Stunden Reden nicht hinkriegst, schaffen die Kids in zwei Zeilen und 140 Zeichen. Ist es etwa richtig, dass einer, der in jedem zweiten Satz ›Wir sind Diener unseres Volkes‹ sagt, beim kleinsten Widerspruch der ganzen Gesellschaft den Stempel ›Plünderer und Halunken‹ aufdrückt?«

»Ich glaub es nicht, Kardel … Hast du nicht gesehen, was im *Spiegel* stand? Glaubst du etwa, die Europäer feiern den Aufstieg der Demokratie in der Türkei? Die freuen sich über das Chaos in deinem Land! Die wollen nicht, dass die Türkei groß und stark wird. So einfach ist das!«

»Und die türkische Regierung? Warum hört die nicht auf, die eigenen Landsleute wie Vaterlandsverräter zu behandeln? Ich für meinen Teil erwarte von keinem Ausland Unterstützung. Ich baue auch nicht auf ein Bündnis mit europäischen Regierungen oder den Medien dort. Die Regierung hier muss eine Strategie entwickeln und ihr Image ändern, sie muss einen Diskurs aufbauen und einen Stil finden. Begreift man aber die demokratische Diskussion in der Türkei als Summe von Straftaten, als Kriegserklärung, dann bricht das eigentliche Chaos los.«

»Das Ausland erträgt keinen frommen muslimischen Spitzenpolitiker. Siehst du das nicht?«

»Nicht Identität ist gefragt, sondern Persönlichkeit. Bei Gezi stehen Kopftuchmädchen Seite an Seite mit Transvestiten. Wann hört ihr endlich auf, Identitäten vorzuschieben und nach Identitäten zu fragen?«

»Du enttäuschst mich … Hör mal, früher wurden die Menschen reifer mit dem Älterwerden. Die Gezi-Aktivisten benehmen sich aber wie Kinder. Ihr haltet es für eine tolle Sache, das Kind in euch rauszulassen. Dabei benehmt ihr euch genauso verantwortungslos, wie Kinder es tun. Ihr habt kein Ziel. Ihr beharrt einfach egoistisch auf einer Sache. Ihr merkt gar nicht, wem ihr in die Hände spielt, wenn ihr die Regierung aufreibt.«

»Du verabsolutierst die Macht. Damit entschuldigst du, dass Druck auf das Privatleben ausgeübt wird. Sind es wirklich die Proteste und Forderungen der Aktivisten, die hier kindisch sind? Oder ist das nicht vielmehr die narzisstische Härte, die die Regierung im Namen der Reife an den Tag legt? Du sprichst von Feinden. Wie alle Fanatiker seht auch ihr euch in jeder Situation gleich im Krieg. Ihr begreift nicht, dass der Frieden viel mehr Intelligenz, Wissen und Energie erfordert als der Krieg. Ein breit gefächerter Frieden ist für euch unvorstellbar. Deshalb werft ihr nicht einmal einen Blick auf die Bücher, die Lieder und die Gemeinschaft von Menschen unterschiedlichster Kreise. Gleich seid ihr mit Polizei, Panzern und Kriegsgeschrei dabei.«

»Hey, Moment, wo willst du hin?«

»Ich muss raus, Olcay. Ich glaube, jeder von uns braucht ein bisschen Zeit für sich und zum Nachdenken.« Ich stopfe ein paar Kleidungsstücke in meine Tasche und wende mich zur Tür.

Olcayto kommt hinterher und ruft: »Und das Baby? Unser Baby? Was wird aus dem?«

»Das nehme ich mit«, sage ich und ziehe die Tür hinter mir zu.

Schon auf der Treppe denke ich: »Hoffentlich wird alles gut, bis das Baby kommt.« Als ich auf der Straße dem erstbesten Stück öffentlichen Eigentums, einem Müllcontainer, einen Chokuzuki versetze, einen geraden Schlag aus dem Stand, fühle ich mich nicht wie eine Karateka ganz oben, sondern wie eine verdammt einsame Mutter.

Vier Monate darauf

Als Olcayto Karatempo seinen Job bei der Zeitschrift verlor (aufgrund seiner Ehe mit einer Gezi-Aktivistin), überkam ihn die Erleuchtung. Er fing an, Kardelen zu den Protesten zu begleiten.

Kardelen Karatempo nahm einen Job als Trainerin an.

Das Baby wurde im Zeichen der Waage geboren, Melodie bedeutet sein Name: Ezgi, ein Anagramm von Gezi.

Der Polizist, der den Sprungtritt abkriegte? Der Name des Polizisten blieb unbekannt.

»Mich rührt mein Gewissen. Unseretwegen sind sechs Menschen gestorben, elf haben ein Auge verloren, Tausende wurden verletzt, Hunderte verhaftet, Dutzende verprügelt. Aber wir stehen noch an unserem Platz.«

»Ich habe trotzdem Angst. Sie könnten uns umlegen, weil wir hier die Aktion Stehender Baum durchführen.«

... der Juni wurde von den Gezi-Protesten erschüttert ...

Ayşe Kulin

Von Bäumen und Menschen

»Wen bespitzelst du da schon wieder?«, fragte die Linde ihre Freundin, die Platane. »Was hast du deine Blätter ausgestreckt!«

»Ich verfolge das Fernsehprogramm in den Häusern ringsum.«

»Glaubst du etwa, nur weil die dich gestern hier aufgenommen haben, siehst du dich heute selbst auf dem Bildschirm?«, mischte sich, nur wenig entfernt, die Weide ein.

»Bin ich du? Mich interessiert nur, wie die Ereignisse von gestern Abend heute in den Nachrichten dargestellt werden.«

»Und? Wie sind sie dargestellt?«

»Gar nicht. Seit dem frühen Morgen beobachte ich sämtliche Fernseher, die ich von hier aus im Blick habe, auf allen Kanälen laufen Kochprogramme, Dokus über das Leben von Pinguinen und Eisbären oder Serien. Kein einziger Sender, auch die Nachrichten nicht, hat die Ereignisse von gestern Nacht gebracht.«

»Was mag der Grund dafür sein?«

»Na, was wohl! Die Leute sollen den Skandal nicht mitkriegen, den die Polizei hier veranstaltet hat!«

»Als wäre das der erste Skandal!«, warf wieder die Weide ein.

»Aber früher kam das dann in den Nachrichten. Zwar zensiert, aber es wurde darüber berichtet. Wann wachen denn endlich die Freunde auf? Alle sollen auf den Bildschirmen, die in ihrem Blickfeld liegen, die Sendungen verfolgen. Irgendein Sender bringt die Sache bestimmt.«

»Wenn euer Geschwätz nicht wäre, würde ich jetzt auch schlafen«, maulte die Weide.

Die Bäume im Gezi-Park waren müde. Auf dem Platz, an dem sie standen, waren Protestkundgebungen und Auseinandersetzungen mit der Polizei nichts Ungewöhnliches. Tagsüber. Diesmal aber war die Hölle mitten in der Nacht losgebrochen. Und das Geschehen hatte keine Ähnlichkeit mit dem sonst Üblichen auf dem Taksim-Platz. Ziel der Polizei waren diesmal junge Leute, Mädchen und Jungen, alle noch im Schul- und Studienalter, und statt auf dem Taksim-Platz fand die Sache diesmal ein paar Meter weiter statt, mitten in dem Park, in dem die Bäume standen. Gegen Morgen stürmte die Polizei den Park und zündete die Zelte an, in denen die jungen Leute schliefen, die zum Schutz der Bäume gekommen waren. In Todesangst flohen die Jugendlichen nach draußen, da wurden sie an den Haaren gepackt und über den Boden geschleift, getreten und verprügelt. Wasserwerfer richteten den Strahl auf sie, so dass sie hierhin und dahin stolperten. Wer sich widersetzte, wurde festgenommen. Die Bäume fühlten sich verantwortlich für die jungen Leute, die sich für ihr Recht auf Leben einsetzten. Sie wünschten nichts mehr, als ihrerseits die jungen Leute und alle, die auf ihrer Seite standen, zu beschützen.

»Wachbleiben heißt die Devise«, sagte die alte Platane. »Heute werden Angehörige und Freunde der Jugendlichen, die gestern Nacht hier malträtiert wurden, hierher strömen, eine Menge Leute also. Was dann?«

»Dann ist hier wieder der Teufel los«, meinte die Linde.

»Ich mache mir auch Sorgen um das ältere Ehepaar, das auf seinem Morgenspaziergang stets ein Päuschen unter meinen Zweigen einlegt. Wenn das Fernsehen nichts bringt, sind auch die Zeitungen zensiert, die beiden werden nichts von den Ereignissen der Nacht gehört haben. Hoffentlich lassen sie heute ihren Spaziergang ausfallen«, sagte die Platane.

»Würden sie unsere Sprache verstehen, könnten wir dem alten Mann und seiner Frau irgendwie Nachricht geben, aber die Menschen sind ja bekanntermaßen nicht sehr schlau, sie verstehen weder unsere Sprache noch die der Vögel und der anderen Tiere«, bedauerte die Linde.

Die Weide zuckte mit den Schultern, ein paar schmale Blätter segelten durch die Luft.

»Ich verstehe euch nicht! Die ihr da Menschen nennt, haben unsere Freunde mitsamt den Wurzeln ausgerissen! Bald sind wir dran! Und ihr sorgt euch noch um den einen oder die andere? Was gehen denn euch der alte Mann und seine Frau an?!«

Die Platane beugte sich zum Ohr der Linde. »Die fiese Fransentante! Nicht umsonst heißt es, wenn sie vor den Zimmern junger Mädchen wächst, kriegen die keinen Mann ab!«

»Ihr klatscht über mich und ihr glaubt, ich höre das nicht! Schämt euch! Das gehört sich doch nicht für Bäume in eurem Alter …«

»Und du solltest nicht so gemein sein«, unterbrach die Platane die Worte der Weide. »Wer dich so elegant dastehen sieht, glaubt, Innen und Außen seien gleich bei dir, dabei bist du derb und grob!«

»Du bist ja nur auf meine schlanke Taille neidisch, weil deine so fett ist!«

»Meine breite Mitte verdanke ich der Erfahrung, dem Schatz der Jahre. So zimperlich und strohdumm wie du bin ich nicht, Modepuppe!«

»Statt im Winter mit kahlem Kopf dazustehen wie du, ziehe ich mir lieber beizeiten etwas Hübsches an.« Die Weide schwenkte ihre langen, schlanken Zweige.

»Schüttel du nur deine Haare! Bei dem Brand letzte Nacht hättest du um ein Haar Feuer gefangen!«

Während die Bäume im Gezi-Park miteinander schwätzten, rief in einem Haus im nahen Stadtteil Şişli Azmi Beys Ehefrau ihrem Mann, der schon an der Tür stand, hinterher: »Zieh dich nicht zu warm an, nachher schwitzt du nur, heute scheint die Sonne!«

»Es ist immer gut, gewappnet zu sein. Wenn ich mich erkälte, krieg ich gleich eine Bronchitis«, gab der alte Herr zu bedenken.

Es war ein wunderschöner Frühsommermorgen. Die Pflanzen in Istanbul blühten im jährlichen Wechsel. Standen in dem einen Jahr Judasbäume und Hyazinthen in voller Blüte und tauchten die Bosporus-Hänge in schönstes Violett, beherrschten im Jahr darauf Blätter mit ihrem Grün die Stadt. Dieses Jahr war das Jahr der Blätter. Ringsumher war alles grün. Der morgendliche Spaziergang war noch einmal so schön, seit die Setzlinge in den Grünstreifen der Hauptstraßen austrieben. Azmi Bey und Nesrin Hanım pflegten als Frühsport gemeinsam bis zum Taksim hinunter zu spazieren. Dann passierten sie den Gezi-Park und tranken Tee in der Opera-Konditorei. Wie lustig, die Oper war längst geschlossen, nur die Konditorei stand noch da. Mit der U-Bahn fuhren sie anschließend wieder nach Hause. Tausende von Studenten hatten sie unterrichtet, nun waren beide pensioniert. Nach den langen Jahren der Arbeit hatten sie sich den Lebensabend in Ruhe und Zufriedenheit wahrlich verdient. An jenem Morgen hatte Nesrin Hanım zu tun, sie wollte kochen für die guten Freunde, die für den Abend eingeladen waren. Also machte Azmi Bey sich allein auf den Weg. Als er aus der Haustür trat, spürte er die Sonne im Gesicht und lächelte heiter. Wie wunderbar, wieder einen Frühling gesund und munter begrüßen zu dürfen!

»Ich hab so ein böses Vorgefühl«, flüsterte die Platane der Linde im Gezi-Park zu, ganz leise, damit die Weide es nicht hörte. »Mir ist, als würden heute schlimme Dinge geschehen.«

»Oh, bitte nicht! Reicht denn noch nicht, was wir hier seit Tagen mitmachen! Erst gestern Nacht sind wir nur knapp dem Feuer entgangen. Die Gasgranaten knallten uns an die Stämme, Äste brachen, Zweige knickten, Blätter fielen uns ab. Was könnte schlimmer sein?«

»Bist du genauso egoistisch geworden wie die Weide? Die Menschen kriegen das Gas ab und werden niedergeknüppelt! Es könnte sogar Tote geben!«

»Du hast ja recht. Die Gasgranaten sind genauso schlimm wie Kugeln. Gestern hat ein Junge eine auf die Augen gekriegt. Wahrscheinlich ist er jetzt blind!«

»Und eben das ist der Grund, warum ich mir Sorgen mache«, sagte die mächtige Platane. »Wir sollten gemeinsam überlegen, wie wir die Menschen beschützen können, komm, denken wir beide einmal darüber nach.«

»Das Einzige, was wir tun können, ist, unsere Äste zu neigen, damit sie leichter heraufklettern können, wenn sie vor der Polizei flüchten.«

»Mein zarter Körper ist ungeeignet, irgendjemanden zu tragen«, warf die Weide ein. »Verlangt nichts von mir, das ich nicht tun kann.«

»Wer verlangt denn überhaupt irgendetwas von dir?«, fuhr die Linde auf. »Du denkst doch immer nur an dich.«

Die Bäume mussten ihr Geplänkel unterbrechen, denn auf der Straße geschah etwas. Polizeisirenen, Schüsse, Schreie, Rufe … gleich darauf überzog dichter Nebel die Gegend, man sah die Hand vor Augen nicht mehr. Die Leute liefen panisch auseinander, flohen vor dem Pfeffergas in die umliegenden Häuser, Hotels und Geschäfte. Die einen sahen nichts mehr, die anderen kriegten keine Luft mehr. Die Blumen im Park und an den Straßenrändern ließen wegen der giftigen Gase die Köpfe hängen, Knospen welkten, ohne aufgeblüht zu sein. Es war, als wäre ein Fluch vom Himmel auf die Stadt niedergeregnet.

Eine gute halbe Stunde, nachdem Azmi Bey aus dem Haus gegangen war, klingelte das Telefon. Nesrin Hanım legte die Arbeit beiseite und hastete zum Apparat. »Hallo?« Als sie am anderen Ende die Stimme ihres Mannes hörte, erschrak sie. »Azmi! Nanu? Was ist passiert? Warum klingt deine Stimme so komisch?«

»Hab … Gas … ge … kriegt …«

»Was hast du denn heute früh gegessen, dass sich Gase gebildet haben? Du hast wieder heimlich kalte Milch getrunken, stimmt's? Ich sag doch nicht zum Spaß, trink die Milch aus dem Kühlschrank nicht eiskalt! Kalte Milch bildet Gase.«

»Gas … hab … ich … ab … ge … kriegt, Gas!«

»Von der Milch, ich sag's ja … Azmi, was ist mit deiner Stimme?«

»Nes … rin … die … Polizei … hat … Gas … ge … sprüht …«

»WAS?!«

»Bin … im … Kran … ken … haus …«

»Oh Gott, um Gottes willen! Azmi! Azmi? Hallo, hallo? Wer sind Sie? Wo ist mein Mann? Was haben Sie mit ihm gemacht?«

»Ich bin Dr. Vural. Etfal-Krankenhaus, Notaufnahme. Ihr Mann hat Atemprobleme, deshalb kann er nicht sprechen. Wir nehmen gleich den Eingriff vor, aber ich muss Ihnen vorher ein paar Fragen stellen …«

»Herr Doktor, hat mein Mann einen Herzanfall? Oder ist es eine Hirnblutung?«

»Nichts davon, aber die Lage ist ernst.«

»Ich komme sofort!«

»Moment, warten Sie! Bitte beantworten Sie zuerst meine Fragen. Sagen Sie mir etwas über seinen allgemeinen Gesundheitszustand. Welche Medikamente nimmt er regelmäßig, hat er Probleme mit dem Herzen, hat er Allergien?«

Nesrin Hanım zählte die Medikamente auf, die ihr Mann einnahm, und sagte, er leide unter allergischem Asthma. Sie legte auf und zappte durch die Fernsehkanäle, um zu erfahren, was los war. Sie fand nichts. Es lief das übliche Samstagvormittagprogramm. Sie eilte ins Schlafzimmer, zog Rock und Bluse über, wie sie ihr unterkamen, stopfte das Geld, das sie in der Schublade im Schlafzimmer aufbewahrte, in ihre Handtasche, vergaß vor lauter Hektik, Strümpfe überzustreifen, schlüpfte barfuß in die Schuhe und stürmte aus dem Haus. Sie war schon ein paar Stufen hinunter, da kehrte sie noch einmal um, stellte den Herd ab und hetzte wieder los. War ihr Mann gestürzt und hatte sich am Kopf verletzt, dass er glaubte, von der Polizei mit Gas besprüht worden zu sein, überlegte sie auf der Treppe. Mühsam hielt sie die Tränen zurück. Auf der Straße sah sie sich nach einem Taxi um. Doch, wie seltsam, kein einziges Taxi ließ sich blicken. Das Krankenhaus war nicht weit entfernt. Im Sauseschritt machte sie sich auf den Weg.

Die Notaufnahme war überfüllt. Hektisch liefen die Ärzte umher, sie hatten keine Zeit, Fragen zu beantworten. Von einer Pflegerin brachte Nesrin Hanım in Erfahrung, dass ihr Mann Atemschwierigkei-

76

ten hatte, weshalb ein Eingriff notwendig war und man ihn in den OP gefahren hatte. Kein Sitzplatz war frei. Sie lehnte sich an die Wand und wartete. Da trat ein junger Mann auf sie zu. »Sie sind die Frau des weißhaarigen Herrn, nicht? Azmi Beys Frau? Ich habe gehört, wie Sie mit der Schwester sprachen …«

Nesrin Hanım bejahte erstaunt.

»Ich habe Ihren Mann ins Krankenhaus gebracht.«

»Hatte er einen Herzanfall? Ist es schlimm?«

»Nein, nein. Das war so: Azmi Bey ging Richtung Harbiye, da geriet er in unsere Reihen. Wir hatten uns versammelt, um gegen die Ereignisse von gestern Nacht zu protestieren. Wir marschierten in Richtung Taksim.« Nesrin Hanım hätte gern gefragt, was denn in der Nacht geschehen war, zuerst aber musste sie wissen, wie es um ihren Mann stand. Sie schwieg und hörte weiter zu. »Wir waren rund hundert Leute und riefen: Premierminister, tritt zurück! Ihr Mann fragte mich, warum wir das rufen. Ich hab's ihm erklärt. Bei den Jugendlichen, deren Zelte gestern in Brand gesteckt wurden, war auch mein Bruder. Nun hatten sich die Familien versammelt, um gegen den brutalen Einsatz in der Nacht zu protestieren. Plötzlich hielten ein paar von den Wasserwerfern, die wenige hundert Meter weiter in Stellung standen, auf uns zu. Wir wussten alle, was geschehen würde, und liefen weg. Lauf du auch, Amca, rief ich ihm zu, aber Ihr Mann sagte: Ich kann es nicht mit meinem Gewissen vereinbaren, wie ein Verbrecher zu fliehen, wo ich doch überhaupt nichts getan habe. Und er ging einfach weiter. Da wurde er voll von einer der Gasgranaten getroffen, die die Polizei abschoss! Er hustete und konnte nichts mehr sehen, ich bin hin, hab ihm meine Jacke über den Kopf gezogen, seinen Arm gepackt und ihn aus dem Nebel herausgeholt. Seine Augen brannten und er kriegte keine Luft. Es schien ihm die Brust zu zerreißen. Gott sei Dank kam ein Taxi vorbei, da hab ich ihn reingesetzt und wir sind hergekommen. Ich hab ihren Mann den Ärzten übergeben und wollte gerade gehen … Gut, dass ich Sie getroffen habe. Jetzt bin ich beruhigt.«

Nesrin Hanım griff nach den Händen des Jungen und bedankte sich. Als der Junge fort war, hockte sie sich hin, lehnte den Rücken an die Wand und begann, auf ihren Mann zu warten.

Auch die alte Platane im Park wartete auf Azmi Bey.

»Unser altes Ehepaar ist heute morgen nicht aufgetaucht«, sagte sie zur Linde.

»Sie sind wohl umgekehrt, als sie unterwegs die Polizeiketten gesehen haben«, vermutete die Linde. Wie die Platane mochte auch die Linde die beiden Alten. Unter den Parkbesuchern gehörten sie zu den wenigen Menschen, die etwas von Bäumen verstanden und die Natur liebten. Der alte Mann ermahnte Kinder, wenn sie Blumen abrissen, er sammelte achtlos weggeworfene leere Getränkedosen und Zigarettenschachteln auf und entsorgte sie in den Abfalleimern. Seine Frau murrte dann gern ein wenig, weil er sich die Hände schmutzig machte, doch mit ihren Blicken liebkoste auch sie die Bäume, jede aufblühende Knospe nahm sie wahr und pflückte welke Blätter ab. Vielleicht liebten sie die Bäume, weil sie alt und erfahren waren wie sie selbst.

»Vielleicht kommen sie später wieder. Wenn nicht heute, dann sicher morgen«, sagte die Platane.

Doch sie sollten weder an diesem noch am nächsten Tag kommen. Denn gerade versuchten die Ärzte, Nesrin Hanım schonend beizubringen, dass sie getan hätten, was in ihrer Macht stand, Azmi Beys betagtes Herz aber dem Pfeffersprayschock nicht standgehalten hatte. Nesrin Hanım hörte gar nicht richtig zu. Sie hatte bereits verstanden, als sie die Mienen der Ärzte und Schwestern erblickt hatte. Der Rest war Nebensache. »Bringt mich zu meinem Mann«, bat sie nur. Man respektierte, dass sie eine Weile mit ihrem Mann allein sein wollte, und schob die Bahre, auf der Azmi Bey lag, in einen durch Vorhang abgetrennten Bereich. Nesrin Hanım stand neben der Bahre, zog das Laken zurück und berührte sanft das liebe Gesicht ihres Mannes.

Was hatten sie für Schläge gemeinsam hingenommen! Was hatte es auch für Radau gegeben! In der Jugend hatten sie manches Verhör, manche Misshandlung erleben müssen, weil sie linker Gesinnung waren. Mit über siebzig nun wollten sie daran glauben, die Stürme hätten sich gelegt und Demokratie habe nun wahrhaftig Einzug gehalten ins Land. Auch wenn ermöglicht worden war, dass eine Partei die Wahlen gewann, die sich religiösen Werten eng verbunden fühlte, und die Partei, der sie ihre Stimmen gegeben hatten, unterlag, hieß das doch, die Demokratie war etabliert. Darüber hatten sie sich gefreut. Sie hatten sich aber offenbar zu früh gefreut! Kurz zuvor hatte die Polizei aus heiterem Himmel Pfefferspray gegen Menschen eingesetzt. Damit hatte sie den Tod ihres Mannes verursacht. War ihr Mann ein Terrorist? Ein

Vaterlandsverräter oder Feind? Nichts davon, und an diesem Morgen hatte er nicht einmal protestiert. Er war nur ein alter Mann gewesen, unterwegs auf seinem täglichen Spaziergang.

Nesrin Hanım sank auf die Knie. Sie war zu einem schönen Frühsommermorgen erwacht mit ihrem Mann. Heiter hatten sie gefrühstückt. Wäre er nicht zum Spaziergang aus dem Haus gegangen (nicht: wäre er nicht in den Krieg gezogen, auch nicht: hätte er keinen Verkehrsunfall gehabt, und schon gar nicht: hätte er nicht Krebs gehabt), einfach nur: wäre er nicht spazieren gegangen, würde er jetzt noch leben. Hätte die Polizei das Gas nicht gesprüht, wäre er jetzt noch am Leben. Hätte sie nicht schon vorkochen wollen für die Gäste am Abend, sondern wäre stattdessen mit ihm gemeinsam spazieren gegangen … Wer weiß, vielleicht lebte er dann noch. Nesrin Hanım schlug die Fäuste auf den Boden. Was für ein Schicksal! Was für ein Land! Was waren das für Menschen, die bei einer Protestkundgebung Befehle gaben, die den Tod nach sich zogen? Tränen kullerten ihr über die Wangen und tropften auf die Fliesen. Den Schmerz in den Fäusten, die noch immer auf den Boden trommelten, spürte sie gar nicht. Eine Schwester kam und versuchte, sie aufzurichten. Allein gelang es ihr nicht und sie lief auf den Flur, um Hilfe zu holen. Da hörte Nesrin Hanım ein entsetzliches Geräusch. War das die Stimme einer Frau oder heulte da ein verwundetes Tier? Wie Gesang kam es in einem bestimmten Rhythmus aus der Kehle einer Frau. Grauenhaft. Nesrin Hanım quälte sich hoch und schaute hinter den Vorhang. Auf dem Bett dahinter lag jemand, an der Bettkante hockte eine Frau, vor Schmerz gekrümmt wie sie selbst noch kurz zuvor, und heulte gleich einem Wolf. Als die Frau den Kopf hob, trafen sich ihre Blicke. Beide Hände streckte sie Nesrin Hanım entgegen, wie um Hilfe von ihr zu erflehen.

»Er stirbt«, brachte sie hervor. »Die Gasgranate hat ihn wie eine Kugel mitten zwischen die Augenbrauen getroffen. Mein Sohn ist erst fünfzehn! Wofür stirbt er? Was hat er verbrochen, dass er stirbt? Stirbt er, weil er in der Menge mitgelaufen ist? Er geht noch zur Schule, er war noch nie verliebt, er hat noch nie ein Mädchen geküsst … Wer wird mir Rechenschaft geben für dieses Leben? Und Sie, Frau? Um wen weinen Sie? Hat es Ihren Enkel getroffen?«

Nesrin Hanım schämte sich, der Frau, die sich an der Seite ihres Kindes krümmte, zu sagen, ihr Mann sei gestorben. Sie schüttelte den Kopf. Dann ging sie zu ihrem Mann zurück, beugte sich zu ihm und küsste ihn auf die Stirn, auf Wangen und Lippen. Endlich deckte sie wieder das Laken über ihn und verließ still den Raum.

Eine Woche lang wartete die Platane vergeblich auf das alte Paar. Niemand kam. Dann, eines Tages, sehr früh am Morgen, sah sie sie in der Ferne kommen, die sich schleppenden Schrittes nähernde alte Frau. Sie kam allein. Erschöpft wirkte sie. Unter den Ästen der Platane blieb sie stehen, schaute sich um und als sie sicher war, dass niemand sie beobachtete, schlang sie beide Arme um den Stamm und lehnte den Kopf an, so verharrte sie. Erst nach einer Weile bemerkte die Platane, dass der Leib der alten Frau, der sich an sie schmiegte, von stillem Schluchzen geschüttelt wurde. Ihr wurde klar, warum sie weinte. Sie hob die Blätter zum Himmel, als betete sie für ihren Freund, den Menschen, dessen Platz nunmehr im Himmel war. Nesrin Hanım hielt noch immer die Platane umschlungen. Da war ihr, als streiche ihr jemand über den Kopf. Sie fuhr zusammen und blickte nach oben. Ein großes Blatt berührte ihr Haar gleich einer mächtigen Hand. Sie lächelte. Es war das zweite Mal, dass sie lächelte, seit ihr Mann gestorben war. Zum ersten Mal hatte sie im Krankenhaus gelächelt, wo sie auf dem Weg hierher vorbeigeschaut hatte, als sie erfahren hatte, dass der Junge, der gleichzeitig mit ihrem Mann eingeliefert worden war, nicht gestorben war, sondern noch im Koma lag. Solange er im Koma war, gab es noch Hoffnung. Jeder Atemzug war eine Hoffnung, so wie auch jeder neue Tag. Sie löste die Arme vom Baum, pflückte das Blatt, das ihr Haar berührte, presste es auf ihr Herz und machte sich auf den Weg. Alle Bäume im Gezi-Park, die sie passierte, standen stramm und aufrecht vor ihr gleich einer Ehrenkompanie. Sie war schon weit und fast am Ausgang zum Taksim-Platz, da konnte die schwatzhafte Weide nicht länger an sich halten und beschwerte sich bei ihren Nachbarn: »Ganz schön anstrengend, so aufrecht zu stehen!« Aufrecht stehen war schwierig, aber machbar; dass es manchmal unabdingbar war, wussten nur die alten Bäume, und immerhin auch ein paar anständige Menschen!

Oya Baydar

Der Kater heißt Tschapul

Wir entdeckten ihn hinten im Park, unter dem Kirschlorbeer. Ein gelbes, flauschiges Fellknäuel, das mit dünnem Stimmchen furchtsam und flehentlich miaute. Er war schwach, vielleicht hungrig, vielleicht hatte er auch Pfeffergas abbekommen. Als ich durch die Pflanzen hindurch meine Hand nach ihm ausstreckte, zeigte er ängstlich fauchend seine Zähne. Er versuchte zu fliehen, was ihm misslang, weil er mit den Pfoten in den Wurzeln hängenblieb. Ein kleiner, vier, fünf Monate alter Katzenwelpe. Ein winziges Leben inmitten von Tumulten, Gefechten, Pfeffergas, Wasserwerfern, Attacken, Fluchten, Liedern, Reden, Fahnen, Flammen und Tausenden von Menschen: ein Katzenleben.

Ich packte ihn am Nacken und drückte ihn fest an meine Brust. Ich sah darüber hinweg, dass er mich mit angstweiten Augen zu kratzen und beißen versuchte. Als ich zum Zelt der Tierfreunde in der Nähe des Springbrunnens im Gezi-Park spazierte und ihn dabei mit einer Hand hinter den Ohren kraulte, spürte ich, wie er sich allmählich entspannte und zu schnurren begann. ›Ich fühle deine Wärme, ich vertraue dir, ich gebe mich in deine Hände‹, bedeutete sein Gurren.

Mit einem Mal begriff ich, dass ich ihn nicht dort lassen konnte. Wie lange würden die Zelte bleiben, wann würde die Polizei angreifen, wie lange würde der Widerstand weitergehen? Ich hatte mit angesehen, dass nicht nur Menschen, sondern auch Katzen, Hunde und Vögel Zielscheibe waren und unter den Geschossen, dem Wasser und dem Gas aus den Wasserwerfern litten. Das warme, weiche Etwas an meiner Brust hatte sogar weniger Überlebenschancen als die Klebstoff schnüffelnden Kinder von Beyoğlu. Vorsichtig, ohne ihn noch einmal zu verschrecken, steckte ich ihn in meinen geräumigen Rucksack und zog den Reißverschluss zu. Immerhin war die Luft drinnen besser als draußen.

Es waren die Tage des »Tschapulierens«, des Marodierens also, und in Erinnerung an die Vorkommnisse nannten wir ihn Tschapul. »Den Namen hat er von unserem Ministerpräsidenten bekommen«, meinten wir lachend. Wir liebten ihn sehr, den Kater aus dem Park; er trug den Geruch, die Stimmung, die Seele Gezis in sich, und wir liebten diese rebellische Art, diesen vorlauten, freien, hoffnungsfrohen und schelmischen Geist.

Er war intelligent, gewöhnte sich sofort bei uns ein und lernte flugs seinen Namen: Tschapul … Jeder Winkel des riesigen Parks war seine Toilette gewesen, doch ein einziger Anlauf genügte, um ihn ans Katzenklo zu gewöhnen. Er war verfressen, als wollte er die Tage des Hungers wettmachen. Er liebte Trockenfutter, und der Schlingel wusste sehr wohl, das beste und teuerste herauszuschmecken. Verwöhnt wie alle seine Artgenossen zog auch er die frisch gewaschene, wohlriechende Wäsche, die weißen Spitzendecken und Gänsefederkissen dem weich gepolsterten Katzenkorb vor. Nachts schlich er sich unter die

81

Erste Hilfe auch für Katzen und Hunde im Gezi-Park

Bettdecke, knabberte an meinen Beinen, dann leckte er sie ab. Tschapul hatte eine Karriere als wunderbare Hauskatze vor sich; er war der Kandidat für den Titel des Katzenprinzen.

Er wuchs so schnell, dass ich glaubte, er würde sich eines Tages in eines dieser Horrorfilm-Monster verwandeln, das das gesamte Haus in Beschlag nahm. Um zu verhindern, dass er ein fieser, überfütterter Kater mit Fettleber werden würde, versuchten wir es mit Diätfutter, doch er trat in Hungerstreik. Also reduzierten wir die Futtermenge, aber er fand die Packung, wo immer ich sie auch versteckte, und kippte sie um. Er war ein echter Kater, ein typischer Vertreter seiner Gattung: freiheitsliebend und unabhängig, der nach seiner Façon lebte und einen nicht als Frauchen, sondern als Dienstmädchen ansah. Kurz und gut: Wir waren glücklich mit Tschapul, und er war es auch. So dachten wir zumindest.

Ob ich die Schattenseite unserer Beziehung, die bösartige Geschwulst, die er in den Tiefen seiner Katzenseele gedeihen ließ, nicht bemerken konnte oder wollte, weiß ich nicht. Damit er sich ans Haus gewöhnte und nicht auf die Straße rannte, brachten wir an den Fenstern und Balkontüren Katzennetze an. Die Straße und die Bäume, Spatzen, die sich auf Zweigen niederließen, Katzen, die über Balkongitter und Efeu in und aus Wohnungen kletterten, die nächtlichen Neonbeleuchtungen – all das beobachtete Tschapul von hinter dem Fenster aus. Er schlug mit den Pfoten gegen die Scheiben und Netze, und manchmal miaute er bitterlich. Dann warf ich ihm ein Spielzeug hin, eine Fellmaus, eine Ente mit Glöckchen oder die heißgeliebte Perlenkette. Er rannte hinter dem Spielzeug her von Zimmer zu Zimmer, und wenn ihm das nicht genügte, jagte er seinen eigenen Schwanz oder sprang wild und wütend von Fenstern auf Sessel und Tische und hin und wieder auf die Deckenlampen. Dann bekam er natürlich Schelte, woraufhin er sich in eine Ecke zurückzog, sich unsichtbar auf die Lauer legte und, wenn wir an ihm vorbeigingen, unsere Beine ungestüm attackierte. Seine Wut, seine Rebellion, seine Wildheit hielten wir für ein Spiel.

Wann und wie er weglief, weiß ich nicht. Vielleicht ließ ein unaufmerksamer Gast, der zum Rauchen auf den Balkon gegangen war, die Tür offen, vielleicht war ich unachtsam, als ich dem Paketboten oder dem Wasserlieferanten die Tür öffnete, und Tschapul schlich, zwischen meinen Beinen hindurch, leise auf sanften Katzenpfoten davon.

Als ich nach Tschapul rufend durch die Straßen lief, wie eine dieser übergeschnappten Frauen, fühlte ich mich genötigt zu erklären, dass ich meine Katze suchte: »Mein Kater ist weggelaufen, er heißt Tschapul. Deshalb rufe ich andauernd seinen Namen, es gibt keinen anderen Grund. Er ist gesund und kräftig und gelb getigert. Falls Sie ihn sehen, geben Sie mir bitte Bescheid.« Niemand hatte ihn gesehen, niemand wusste etwas. Die Menschen lachten schelmisch und komplizenhaft, wenn sie seinen Namen hörten. »Vielleicht wurde er festgenommen und ist in Polizeigewahrsam«, witzelten manche. Sie notierten meine Telefonnummer und versprachen, sofort anzurufen, falls sie ihn fanden.

Tschapul kehrte nicht wieder nach Hause zurück. »Er ist kein Junge mehr, er ist inzwischen geschlechtsreif, bestimmt ist er hinter einer Katze her. Katzen kehren immer nach Hause zurück, mach dir keine Sorgen«, meinte ein Freund, der sich mit Katzen auskennt. »Sein Zuhause war der Gezi-Park«, vermochte ich nicht zu sagen.

***

Der Herbst weicht allmählich dem Winter. Ein kalter, klebriger Nieselregen fällt. Der Park hat sich in graue Melancholie gehüllt, als trauere er um die munteren, bunten und strahlenden Tage des Widerstands, die erfüllt waren von Enthusiasmus und Hoffnung.

Als ich die Metro durch den Ausgang Gezi verlasse, lässt mich der kalte Dezemberwind erschauern. Trockenes Herbstlaub weht durch die Luft. Der Delphinbrunnen ist voller Müll, gelben Blättern und Plastiktüten. Einige Krähen suchen im Abfall nach Essbarem. Es riecht nach faulem Laub, Erde und Urin.

Einige Menschen hasten zielstrebig an mir vorbei. Der Gezi-Park wirkt einsam, vergessen und verlassen. Der vergilbte, lückenhafte Rasen ist verwaist, ebenso die nackten Bäume. Ist es die Kälte, die mich erschauern lässt, oder die Verlassenheit des Parks? Spüre ich eine Last auf meiner Brust, weil ich die Treppen der Metro hochgestiegen bin, oder weil ich den Ort, an den ich nach Monaten zurückkehre, nicht wiedererkenne? Farbenfrohe Spruchbänder hatte es hier gegeben, Fahnen, Zelte, Blumenkinder. Und Stimmen, lautstark, überzeugt, hoffnungsfroh, furchtlos und keck. Es gab Gelächter und Slogans, die zum Lachen brachten. Es gab sowohl Krieg als auch Frieden, sowohl Leben als auch Tod. Jetzt wehen nur noch trockene Blätter durch die Sträucher, Bäume und den Kirschlorbeer, und Melancholie.

Ein Straßenjunge nähert sich mir. Er ist erkältet, seine Nase trieft, er hustet. »Ich hab Hunger, *Teyze*, kauf mir eins ab«, sagt er und hält mir ein Päckchen Papiertaschentücher hin. Während ich meine Tasche gut festhalte, krame ich Kleingeld aus meiner Manteltasche und drücke es ihm in die Hand. »Behalte es und putz dir die Nase«, sage ich. Ohne sich zu bedanken – das tun sie nämlich nie; sie sind keine Bettler, sondern fordern ihr Recht von den Betuchten, nehmen es sich und gehen wieder – rennt er zu seinen Freunden, die sich unter einem immergrünen Lorbeer vor dem Regen zu schützen versuchen. Ich beobachte ihn aus dem Augenwinkel. Es regnet nun stärker, und in diesem Teil des Parks gibt es nur die Straßenkinder und mich. Eine vage Unruhe, deren Ursache ich nicht kenne, hält mich davon ab, wegzulaufen. Ich gehe auf die Kinder zu. Da sehe ich, dass einer eine Katze auf dem Schoß hält. Eine gelb getigerte Katze, nass, stellenweise fehlt ihr das Fell.

Ich erkenne ihn an seinen riesigen, runden Augen und an seinem Blick. »Tschapul«, flüstere ich leise. Er strampelt, um sich aus den Armen des Jungen zu befreien. Kurz hege ich die Hoffnung, dass er mich erkannt hat und auf meinen Schoß springen wird. »Tschapul«, sage ich wieder.

»Woher weißt du, wie die Mieze heißt?«, schnauzt der Junge. Er wirkt misstrauisch und unsicher. Ich bin erstaunt und sage mit wenig überzeugender Stimme: »Woher weißt du es denn? Das ist mein Kater, also, das war er früher einmal.«

Sie werfen mir merkwürdige Blicke zu. »Das ist unsere Katze«, sagt der Taschentuchverkäufer mit der Rotznase. »Seit den Tschapul-Tagen gehört er uns. Seine Mutter war auch hier, aber sie ist verschwunden, als die Bullen kamen und die Zelte verbrannten. Die *Ablalar* haben ihn Tschapul genannt, und den Namen hat er behalten.«

»Aber ich habe ihn gefunden, er war mein Kater«, stammle ich.

»Eine Weile war er verschwunden, aber in der Zeit sind wir auch vor den Bullen abgehauen. Sie haben jeden festgenommen. Dann kamen wir zurück, und Tschapul auch.«

Der Kater befreit sich aus den Armen des Jungen und springt auf den Boden. Ich warte, dass er zu mir kommt und an meinen Beinen entlangstreift. Ohne mich eines Blickes zu würdigen, rennt er davon. Ich erinnere mich an die Worte meines Freundes: »Katzen kehren immer nach Hause zurück.« Nach den Junitagen kehrten alle nach Hause zurück, und Tschapul auch.

Turgay Fişekçi

Sieben Leben

Unverhofft bist du erblüht, Blume
Dem ganzen Land verdrehen deine Farben den Kopf

Alle Katzen lieben dich, ebenso die Wasser tiefer Brunnen
Schmetterlinge folgen dir, wohin du gehst

Stell ein Zelt auch in uns'ren Garten
Dass Ruhi Su und Cihat Burak kommen, dort zu nächtigen

Wie quält uns diese garstige Welt
Schlag eine Bresche auch in unser Dach

Küssen ist herrlich allüberall
Wirkt belebend auf Seele und Leib

Wie gut dass du daran erinnerst: Widerstand
Macht den Menschen schön seit Jesu Zeiten

Wie viel schöner ist alles nun
Wie viel mehr Mensch ein jeder.

Ahmet Ümit

Die Bäume vom Gezi-Park

Drei Uhr in der Frühe, auf dem Taksim-Platz war es ruhiger geworden, nur die Nachtmenschen waren noch unterwegs. Schwitzende Körper, junge Mädchen, Männer, eng umschlungene Liebespaare im silbrigen Licht des Vollmonds. Beschwipst die meisten, manchen hatten noch fröhliche Lieder auf den Lippen. Ich dagegen war müde, hundemüde. Den ganzen Tag hatte ich am Computer gesessen. So war es meist, wenn ich mit Romanen zum Ende kam: Selbst wenn ich Schluss machen wollte, ließen die Protagonisten mir keine Ruhe, sie übernahmen die Kontrolle und drängten mich fast mit Gewalt dem Finale zu. So auch diesmal. Die Finger taten mir weh, Falter flatterten vor meinen Augen, dennoch konnte ich mich nicht von der Tastatur lösen. Ginge das so weiter, würde ich wohl schreiben, bis ich ohnmächtig über der Tastatur zusammensänke. Da kam der Anruf. Ich meine den von meiner Frau. »Schläfst du heute im Büro?«, fragte sie, »von mir aus, aber dann kannst du auch gleich ganz dableiben.« Die Drohung wirkte. Ich riss den Blick vom Bildschirm und die Finger von der Tastatur, fuhr den Rechner herunter und mischte mich unter die lärmende Menge auf der İstiklal-Straße.

Eigentlich hatte ich ein Taxi nehmen wollen, um gleich nach Hause zu fahren. Aber das Wetter war so schön, dass ich mich trotz der Drohung meiner Frau vom Vollmond verführen ließ, den milden Herbst zu genießen. Ich verlangsamte meine Schritte, schaute mir das bunte Treiben an und war bald auf dem Platz. Als ich am Gezi-Park entlangging, kam ein Mann aus dem Park herausgeschossen und fiel mir vor die Füße.

»Hilfe! Helft mir!«

Er zitterte am ganzen mageren Leib, die aufgerissenen Augen suchten die Schatten der Bäume ab. Vermutlich ein Raubüberfall. Auch ich wandte den Blick zum Park. Ich hatte zwar keine Ahnung, wie ich mich schützen sollte, wenn der Angreifer sich zeigte, doch ich ballte die Fäuste und wartete auf den Moment, da der unbekannte Dieb zwischen den Bäumen hervor auf mich zuspringen würde. Sekunden verstrichen, niemand kam. Vielleicht hatte er aufgegeben, als er mich sah, auch wenn ich nicht besonders groß und stark war. Ich wandte mich dem Mann zu, der hinter mir Schutz gesucht hatte und noch immer vor Panik schlotterte.

»Der hat es wohl mit der Angst zu tun gekriegt«, sagte ich mit fester Stimme. »Der bleibt lieber im Park …«

Er starrte mich befremdet an, als hätte ich etwas Seltsames gesagt.

»Wer hat es mit der Angst zu tun gekriegt?«

»Na, wer schon, der Kerl, der hinter dir her ist. Oder waren es mehrere? Ja, vor wem bist du denn eigentlich geflohen?«

»Was für ein Kerl?« Die Panik in seinen Augen loderte unverändert, er richtete den Blick in den dunklen Park und flüsterte: »Ich lauf doch nicht vor einem Mann davon, sondern vor den Bäumen!«

Jetzt staunte ich. »Wieso flüchtest du denn vor den Bäumen?«

Er beugte sich zu meinem Ohr. »Weil die sprechen … Die reden die ganze Zeit …«

Penetranter Alkoholgestank stieg mir in die Nase, erst jetzt bemerkte ich seine zerschlissene Kleidung. Ich hatte es mit einem Obdachlosen zu tun, und er war sturzbetrunken. Vermutlich lebte er hier im Park. Heute Abend hatte er wohl einen über den Durst getrunken und dann schlecht geträumt. Nichts von meinen Gedanken ahnend, stammelte er weiter.

»Sie murmeln ihre Namen … Immer, wenn der Wind weht, ist der Park voll von ihren Stimmen. Es ist wie eine Hymne, wie ein Gebet, ständig murmeln sie ihre Namen …«

Bei dem armen Mann war offenbar eine Schraube locker.

»Na, lass mal«, sagte ich und klopfte ihm freundschaftlich auf die Schulter. »Lass sie nur murmeln, sie tun dir ja nichts.«

»Nein«, widersprach er und hob verzweifelt die Hände, »sie kennen mich. Nicht nur die große Platane, auch die riesige Kastanie kennt mich. Sogar die Rosensträucher. Ja, selbst die fangen an zu reden, wenn der kleinste Wind geht.«

Ich wusste, dass er fantasierte, trotzdem konnte ich nicht umhin zu fragen: »Woher kennen sie dich denn?«

Die Antwort kam wie aus der Pistole geschossen: »Na, vom letzten Sommer. Vom Juni.« Er zeigte in den Park hinein. »Ich hatte hier zu tun.«

Ein Penner, aber er hatte eine lebhafte Fantasie.

»Warst du Gärtner?«

Beleidigt verzog er die Miene. »Wieso Gärtner?«, schnauzte er. »Ich war für die Polizei tätig. Ich half den Bullen. Staatlich angestellt, ganz regulär.«

Die Geschichte wurde immer lustiger.

»Was war denn dein Job?«

Geringschätzig musterte er mich von Kopf bis Fuß. »Sag mal, lebst du hinter dem Mond? Vor ein paar Monaten war das hier das reinste Schlachtfeld. Da war hier im Park der Teufel los …«

Endlich fiel bei mir der Groschen. Er sprach von den Gezi-Protesten. Von dem Aufstand, der sich gegen die Regierung gerichtet hatte, als die Bäume im Park abgeholzt und eine Shopping Mall errichtet werden sollte. Also hatte das, was er im Sommer hier erlebt hatte, den Ärmsten um den Verstand gebracht. Die Lüge, die er da vor mir ausbreitete, hatte eine gewisse Logik, das musste ich zugeben. Um die Grenzen seiner Fantasie auszutesten, setzte ich das Gespräch fort.

»Was genau hattest du denn da zu tun?«

Er grinste listig, zwischen den aufgeworfenen Lippen kamen seine faulen Zähne zum Vorschein.

»Ich hab den Bullen gesteckt, was im Park vor sich ging. Das war vielleicht ein Ding damals … Alles voller Leute hier, Linke, Rechte, Fromme, Hippies, Frauen, was auch immer dir einfällt, alle waren sie dabei. Ein paar Zivile kriegten ordentlich was aufs Maul. Deshalb traute sich die Polizei nicht mehr in den Park. Da hat Kommissar Erol vom Revier Beyoğlu mich gekrallt. Erol Abi ist ein guter Mann, manchmal steckt er uns Geld zu, und er hilft uns, wenn wir mal hinter Gittern landen. Also, der erwischte mich auf der İstiklal-Straße. ›Pennst du noch im Park?‹, hat er gefragt. Und ich hab Ja gesagt. Einen Hunderter hat er mir in die Hand gedrückt. ›Gut, dann kommst du morgens, mittags und abends zu mir und erzählst mir alles … Was so im Park vor sich geht, wie viele das sind, sind sie ruhig, wer ist der Anführer, das berichtest du mir‹, hat er gesagt. So bin ich eingestiegen.«

»Du hast die Protestierenden also denunziert …«

Das Grinsen auf seiner Miene gefror.

»Was hätte ich denn tun sollen, der Staat rief mich zur Pflicht …« Er zögerte. »Außerdem haben Schleimer-Sami und Ballon-Kemal das auch gemacht. Die Schweine haben die Protestierer sogar mit dem Handy aufgenommen, das sie von Kommissar Erol hatten. So was hab ich immerhin nicht gemacht. Dabei haben die Kids im Park Schleimer-Sami echt geholfen. Sogar zum Arzt gebracht haben sie den Kriecher. Blut hat er gepisst! Er hatte Steine in der Niere oder so. Wirklich, nur wegen der Protestler geht es ihm jetzt besser. Jeden Abend gab's was Warmes zu essen im Park. Da musste niemand bezahlen, alles war umsonst, aber alle haben gearbeitet, keiner hat sich gedrückt. Die hatten richtig Mumm, die Kids. Direkt neben mir haben sie einen blind gemacht. Der Bulle hat die Gaspistole dem Jungen genau aufs Auge gehalten. Mit voller Absicht! Und das war so ein hübscher Junge. Na, sein linkes Auge ist hin.«

»Warum bist du ihm denn nicht zu Hilfe gekommen?«

Er erhob die Stimme, als täte man ihm Unrecht. »Bin ich doch! Wer sagt, ich hätt ihm nicht geholfen? Auf meinem eigenen Rücken hab ich ihn ins Krankenhaus geschafft. Ich hab beiden Seiten geholfen, den Protestierern und den Bullen. Uns blieb ja nichts anderes übrig, die Protestierer sind eine Woche, vielleicht einen Monat lang da, aber danach haben wir es wieder mit den Bullen zu tun. Hätte ich nicht den Zuträger gespielt, hätte Kommissar Erol mich fertig gemacht, da hätt ich hier nicht bleiben können, capito?«

Ich wusste nicht, inwieweit stimmte, was er mir erzählte. Würde ein Kommissar einen solchen Typen engagieren? Da war ich mir nicht so sicher, aber schön erzählt hatte er es doch. War alles erfunden, wäre es sogar noch mehr wert, denn das spräche für seine fantastische Vorstellungskraft.

»Und wie ging es dann weiter?«, bohrte ich nach. »Waren eure Infos nützlich für die Polizei?«

»Aber sicher doch! Sie kriegten haarklein mit, was im Park abging. Sonst hätte Erol Abi mir wohl kaum noch einen Hunni in die Hand gedrückt.«

Mit einer Kopfbewegung wies ich zu den Bäumen hin.

»Aber der Park steht nach wie vor da, die Protestierenden haben gewonnen, der Regierung ist es nicht gelungen, die Bäume abzuholzen.«

Heimliche Freude ließ sein Gesicht strahlen.

»So ist es! Wenn du mich fragst, ist es auch gut so. Wenn die da ein Einkaufszentrum hingesetzt hätten, hätten die uns nicht mal in die Nähe von den Türen gelassen. Fünfzig Meter davor hätten die Securitys uns weggescheucht. Aber …« Wieder trat Angst in seine Augen. »Aber jetzt lassen die Bäume mich nicht in Ruhe … Kaum hab ich mich im Gebüsch zusammengerollt, kaum will ich die Augen schließen, da fangen sie zu flüstern an. Aber wie! Immer lauter werden ihre Stimmen. Da scheißt man sich ja in die Hosen, ich dreh noch durch, Mann!«

Das war natürlich die Wirkung vom Alkohol, Wahnvorstellungen, Fantasieren …

»Zieh doch in einen anderen Park«, versuchte ich ihn zu beruhigen. »Es gibt doch genug andere Plätze. Du könntest zum Beispiel ans Meer runter …«

Traurig schüttelte er den Kopf. »Der Park hier ist mein Zuhause. In anderen Parks kann ich nicht schlafen. Ich lebe hier seit fünf Jahren. Gleich da vorn steht eine Magnolie, die ist für mich wie meine Mama. Wie die duftet! Darunter schlummere ich selig wie ein Baby. Wie sollte ich denn von zu Hause weg und anderswohin gehen?«

Seine Lage rührte mich, aber ich konnte nichts für ihn tun. Genau wie Kommissar Erol drückte auch ich ihm einen Hunderter in die Hand.

»Geh wenigstens heute Nacht mal in ein Hotel …«

Er freute sich über das Geld, schaute mir aber ohne jede Hoffnung ins Gesicht.

»Und was wird morgen?«

Ich hätte ihm sagen sollen: Such mal einen Psychiater auf! Aber das hätte ja doch nichts genützt, also sagte ich nur: »Gib die Hoffnung nicht auf. Vielleicht schweigen die Bäume morgen Abend.«

Er steckte das Geld ein und torkelte von dannen. Und ich nahm meinen unvollendeten Spaziergang wieder auf, doch was der Mann gesagt hatte, ging mir nicht aus dem Kopf. Selbstverständlich glaubte ich nicht daran, dass die Bäume redeten. Ich konnte aber doch nicht verhindern, dass mein Blick in den Park glitt. Wann war ich eigentlich das letzte Mal hier gewesen? Es musste zwei Monate her sein, gleich nach den Tagen des Widerstands, da hatte ich die Grünfläche eines Nachmittags aufgesucht. Schreckliche Tage waren das gewesen, brutal hatte die Polizei eingegriffen. Alles war von Pfefferspray verschmutzt, Wasserwerfer waren im Einsatz und überall Panzerwagen. Mit Knüppeln prügelte die Polizei auf die jungen Mädchen und Jungen ein. Die Protestierenden gaben aber nicht auf, Istanbul wurde zu einem Strom aus Menschen, der sich in die kleine Grünanlage hier ergoss. Tagtäglich wuchs die Zahl der Leute, die sich dem Widerstand anschlossen. Tausend, zehntausend, hunderttausend, eine Million … Rund vierzig Tage dauerte der Widerstand. Dann gab die Regierung nach. Nicht nur das Grün durfte bleiben, es wurden sogar neue Bäume gepflanzt. Danach war ich nicht wieder im Park gewesen. Jetzt zog es mich geradezu hinein. Meine Füße trugen mich wie von selbst in den Hohlweg unter den Bäumen.

Als ich den Park betrat, hüllte feuchte Kühle mich ein, es roch nach verbrannter Erde und welken Gräsern. Die ausladenden Bäume, unter denen ich dahinschritt, ließen das Mondlicht nicht hindurch. Dieses mit Bäumen bestandene Areal zwischen den Betonbauten glich einer Art Tempel. Die letzte heilige Fläche Natur, die wir ansonsten nahezu vollständig zerstört hatten. Irgendwo rief ein Vogel, vermutlich eine Eule, vielleicht die letzte Eule der Stadt … Ich blieb stehen und lauschte. Der Ruf wiederholte sich nicht. Der Wind hatte sich gelegt. Ich stieg die Treppen hinab und erreichte die Lichtung in der Mitte des Parks. Eine Weile betrachtete ich das vom Vollmond in Silber getauchte Wasser des Teiches.

Frieden erfüllte mich. Setzte ich mich auf eine der Bänke hier und versenkte mich bis zum Morgen in die Betrachtung des stillen Wassers, ich würde mich sicher nicht langweilen. Da bemerkte ich den Wind. Er war kaum als Wind zu bezeichnen, ein Hauch, eine leichtes Wehen nur. Sanft strich es mir über die Stirn und fuhr mir durchs Haar. Mir war, als fiele die Erschöpfung des Tages auf einmal von mir ab. Einen Augenblick lang fühlte ich mich wie ein Teil des Windhauches, des silbrigen Wassers, der schattigen Bäume, des Vollmonds am Himmel. Und da hörte ich es. Es war wie ein Raunen, ja, es kam von den Bäumen. War das die Stimme, die der Mann vernommen hatte? Ich bekam eine Gänsehaut, doch es machte ja keinen Sinn, sich zu ängstigen. Mein Verstand hatte sogleich eine rationale Erklärung parat: das Geräusch des Windes. Natürlich handelte es sich um das Geräusch des Windes. Es klang ja auch wie ein Rauschen, Worte waren nicht zu verstehen. Doch die Magie der Nacht zerschlug meine logische Erklärung sogleich, das Raunen wurde deutlicher und mutierte zu einer klaren Mädchenstimme. Sie reihte Namen aneinander.

»Ali, Abdullah, Mehmet, Ethem, Mustafa.«

Wie ein Refrain, ein Gebet, eine Hymne.

»Ali, Abdullah, Mehmet, Ethem, Mustafa.«

Entsetzen packte mich. Was ging hier vor? Der Obdachlose hat recht, war mein erster Gedanke, er hat also nicht fantasiert. Die Bäume sprechen tatsächlich. Und zwar unaufhörlich. Voller Liebe, Wertschätzung und Zärtlichkeit, behutsam, wie um niemanden zu verletzen, wiederholte die Stimme unablässig dieselben fünf Namen.

»Ali, Abdullah, Mehmet, Ethem, Mustafa.«

Wer waren die Träger dieser Namen? Ich schaute mich um, da sah ich sie, auf der anderen Seite des Teiches, fünf Menschen, alle fünf hatten den Blick auf mich gerichtet. Ja, ich spreche von dem Grabmal gegenüber. Fünf Menschen, die aus ihren Fotorahmen mich anblickten. Es standen da aber nicht nur fünf Fotos auf dem grünen Rasen, da waren auch fünf Grabsteine. Sie mochten rein symbolischen Wert haben, wirkten aber im bleichen Glanz des Mondlichts nur umso eindrucksvoller. Ich ging auf sie zu. Ich las die Aufschriften. Ali İsmail Korkmaz, Abdullah Cömert, Mehmet Ayvalıtaş, Ethem Sarısülük, Mustafa Sarı stand da. Die Namen der fünf blutjungen Männer, die ihr Leben bei dem Protest gelassen hatten, der sich an dem Widerstand gegen die Abholzung der Bäume in diesem Park entzündet hatte. Ich stand wie erstarrt da, wusste nicht, was ich tun sollte. Die Bäume aber, die sich im Windhauch leicht regten, wiederholten beharrlich wie ein Gebet immer dieselben Namen.

»Ali, Abdullah, Mehmet, Ethem, Mustafa …«

Cevat Çapan

Haydar Haydar[1]

Auf dem Platz, wo Wasser einst zusammenfloss und zur Verteilung kam,
strahlt mit ihren Funken die Liebe
    – wachsend, emporschäumend, Wellen schlagend –
aus den Himmeln der Nacht in die Sterne hinein,
dann auch ins nächtliche Funkeln des Meeres,
jeder Einzelne ein Glühwürmchen mit nie verlöschendem Feuer.
Ein Sommernachtstraum seit Langem schon,
nun ist wahr rund ums Jahr
    das Ersehnte, das sich tut auf Straßen, Märkten und bei Çarşı[2].

Eine brandneue Sprache sprechen jene,
die Widerstand leisten,
rufen
    einander
        mit den Stimmen der Blätter und Blumen,
        übertönen die Laute des Wassers.
Mit Geduld und Beharren verändern sie das drückende, erstickende Klima,
mit der gewandelten Stimmung
ändert sich auch der Mensch, auch die Zeit.

Und unaufhörlich Vogelgezwitscher
        in den Zweigen der Bäume.

---

1 Haydar Haydar, arab.: tapfer, mutig, auch: Löwe, ist im Türkischen vor allem eine Referenz an ein berühmtes Lied des Volkssängers Aşık Veysel, das sich, im Tenor »ich tu, was ich will«, gegen Vorschriften und Zuschreibungen wehrt.

2 Çarşı, wörtlich »Markt, Einkaufsstraße«, ist der Name des Fanclubs des Fußballteams Beşiktaş, der sich von Beginn an stark für Gezi engagierte und im Namen des Widerstands Straßenschlachten in Beşiktaş ausfocht.

Lebte er noch ...

... dann, also unmittelbar bevor das Sondereinsatzkommando Azrail[1] kam, schickte der Vater ihn los, um das Handy aus dem Haus zu holen. Kaum hatte er den Fuß über die Schwelle gesetzt, knallten die Schüsse. Es war, als bräche die Hölle los vor dem Haus. Er stürzte hinaus, da war der Vater, am Boden ...

Tagelang konnte er nicht sprechen, nicht essen und nicht schlafen. Die Mutter sah, dass es nicht gut um ihn stand, und schickte ihn ins Dorf zur Großmutter, damit er sich ein wenig erhole. Im Dorf tat er sich um, schaute hier und dort vorbei, strich der Großmutter über die schwieligen Hände, erholte sich. Eines Tages trieb er Schafe und Lämmer zusammen und brachte sie zum Weiden. Unter dem weiten Himmel schloss er die Augen und holte tief Atem, endlich durchströmte wieder Lebensfreude seine Glieder, er lächelte. Als er die Augen aufschlug, sah er sein Lieblingslämmchen im Dornenstrauch hängen, es blökte kläglich. Er sprang auf und hinüber. So entging er um Haaresbreite der Mörserrakete ...

Jahre verstrichen, längst ging er auf das Gymnasium. Eines Morgens kam er zur Schule und fand die Klasse fast leer. Was ist los, fragte er. Die sind zu einer Demo, sagten die wenigen verbliebenen Klassenkameraden. Das Bild seines Vaters trat ihm vor Augen, und er beeilte sich, bei der Demo dabei zu sein. Mit Hunderten anderen schrie er seinen Protest laut heraus, warf Steine, erinnerte sich zum ersten Mal im Leben daran, Mensch zu sein. Da raste plötzlich ein Panzerwagen auf sie zu. Der Freund neben ihm bekam in letzter Sekunde seinen Arm zu fassen, riss ihn zur Seite und bewahrte ihn davor, überrollt zu werden ...

Kurz vor dem Abitur, er war gerade dabei, sich für die Zulassungsprüfungen der Universität vorzubereiten, sagten die Freunde: Die betrügen uns! Die setzen uns eine Festungswache[2] vor die Nase! Aber sollte nicht Frieden werden? Hieß es nicht: Keiner soll mehr sterben? Die ganze Stadt, Frauen und Männer, Alte und Junge marschierten hinaus zur Baustelle der Festungswache. Er war ganz vorn mit dabei. Kaum hatte sein Blick weiter vorn den Soldaten erfasst, der sein Gewehr auf ihn richtete, warf er sich auf den Boden. Die Kugel pfiff eine Handbreit über seinen Kopf hinweg. Er schloss die Augen und atmete tief aus ...

Er wartete auf das Ergebnis der Uni-Aufnahmeprüfung, da kam aus einer nahen Stadt eine schlimme Nachricht. Vierunddreißig junge Leute und Jugendliche waren bombardiert und getötet worden, von

---

1 Azrail: Todesengel.
2 Festungswache (türk.: *kalekol*): ein neuer Typ von Hochsicherheitspolizei- und Gendarmeriestationen, die vor allem im türkisch-irakischen Grenzgebiet errichtet werden.

Flugzeugen aus, deren Motoren Azrail antrieb. Wieder musste er an seinen Vater denken. Er hob den Blick, ließ ihn über die weit sich hinziehenden Berge schweifen, richtete ihn dann auf Mutter und Geschwister. Nein, sagte er sich, du studierst, du musst studieren, damit du für deine Familie sorgen kannst …

Die Zulassung kam, er packte den Koffer, küsste lange Mutter und Geschwister und machte sich auf den Weg in die ferne Stadt, auf zur Universität. Am Ende des ersten Jahres bestand er alle Prüfungen und wurde versetzt, die Ferien wollte er zu Hause verbringen. Da hieß es, Azrail sei wieder im Gange, diesmal habe er es auf Bäume und Menschen abgesehen. Die traurigen Bäume seiner Heimat fielen ihm ein und das Gesicht seines Vaters. Er ging mit auf die Straße, bald sah er vor Gas die Hand nicht mehr vor Augen, ringsum war alles dunkel, eine Gasgranate streifte ihn am Kopf, ein Skorpion[3] raste auf ihn zu. Er rannte los, bog in eine Gasse ein, von irgendwoher traf ihn ein Hieb, warf ihn zu Boden, da sah er sich von einer Horde Männer umzingelt, Azrails Knüppel in den Händen, und dann … dann war es aus.

---

3   Skorpion (türk.: *akrep*): gepanzerter, bewaffneter Landrover des türkischen Militärs.

Der erste geklonte Staatspräsident und seine Tragödie

Ein Donnerstag. Büro des Staatspräsidenten.

PRÄSIDENT: Rot? Was soll das heißen?

GESUNDHEITSMINISTER: Ganz normales Rot eben, Herr Präsident.

PRÄSIDENT: Wie viele?

GESUNDHEITSMINISTER: 41 Fälle bisher. Aber jeden Tag kommen neue hinzu.

PRÄSIDENT: Stellt sie unter Quarantäne.

GESUNDHEITSMINISTER: Also, das Phänomen verteilt sich auf alle Städte. Wir sind am Ball, aber noch kennen wir die Infektionswege nicht.

PRÄSIDENT: Nur im Gesicht?

GESUNDHEITSMINISTER: Nein, nein, der ganze Körper. Knallrot. Ansonsten keine gesundheitlichen Einschränkungen. Wir kennen Argyrie, eine sehr seltene Krankheit. Der Patient verfärbt sich chronisch, erst schiefergrau, dann blau.

PRÄSIDENT: Blau?

GESUNDHEITSMINISTER: Ja, der ganze Körper bekommt einen Graublau-Stich. Wir denken, bei dieser Röte könnte es sich um eine ähnliche Hautfärbung handeln.

PRÄSIDENT: Verstehe … Vorerst höchste Geheimhaltung. Kümmert euch weiter darum. Haltet mich auf dem Laufenden.

Ein Montag. Büro des Staatspräsidenten.

INNENMINISTER: Hier, bitte schön, Herr Präsident, Sie finden alles in der Akte.

PRÄSIDENT: Lass jetzt die Akte, erzähl!

INNENMINISTER: Das sollte unser Gesundheitsminister übernehmen, der kann die Sache besser darstellen.

GESUNDHEITSMINISTER: Herr Präsident, wir haben alle erdenklichen Tests angewendet, sämtliche Wahrscheinlichkeiten erwogen, und als wir nun auch in Kooperation mit dem Innenminister …

PRÄSIDENT: Red nicht rum, sag, was los ist.

GESUNDHEITSMINISTER: Es gab da vor vielen Jahren eine Sache im Land … Also, damals … Das Gas, das damals eingesetzt wurde, um die Menge auseinanderzutreiben, also die Chemikalien …

PRÄSIDENT: Was ist damit?

GESUNDHEITSMINISTER: Es ist kaum zu glauben, aber gemeinsamer Nenner bei allen Betroffenen ist, dass sie damals an der Sache beteiligt und diesen Chemikalien ausgesetzt waren. Und die Untersuchung dieser Chemikalien hat nun auch ergeben, dass sie das Potenzial zu einer solchen Nebenwirkung …

PRÄSIDENT: Ausgeschlossen! In staatlichen Chemikalien sind abweichende Nebenwirkungen ausgeschlossen!

GESUNDHEITSMINISTER: Aber es ist eben passiert … Mit den damaligen Kenntnissen konnte man wohl solche Langzeitwirkungen nicht …

PRÄSIDENT: Wie viele sind es jetzt?

INNENMINISTER: 347 … An den Aktionen damals waren über 500.000 beteiligt. Die genaue Zahl kennen wir nicht. Die sind jetzt natürlich alle wesentlich älter. In der Akte finden Sie alle Informationen zu der Sache damals, wenn Sie einmal schauen wo…

PRÄSIDENT: Nicht nötig!

INNENMINISTER: Wie lauten denn Ihre Anweisungen, was sollen wir tun?

PRÄSIDENT: Allergie! Nennt es Allergie. Gebt eine Presseerklärung heraus, sagt, es handelt sich um eine Allergie. Danach denken wir weiter.

Ein Freitag. Büro des Staatspräsidenten.

PRÄSIDENT: Was gibt's schon wieder?

GESUNDHEITSMINISTER: Herr Präsident, im Quarantänegebiet, in Rotstadt …

PRÄSIDENT: Ich hab die Nase voll von Rotstadt! Und hier schreiben sie Tag für Tag: Was fällt dir ein, die Alten einzusperren! Keiner hat je etwas von Kontinuität in Staatsgeschäften gehört! Was soll das denn heißen? Entwischt ein Straftäter der Justiz der einen Regierung, geht er früher oder später doch einer anderen ins Netz! Nun, was wollen sie jetzt wieder, was ist passiert?

GESUNDHEITSMINISTER: Die Ärzte in der Stadt sagen, dass … Also, sie haben da bei der Rötung etwas diagnostiziert … Herr Präsident, die Haut beginnt sich zu normalisieren.

PRÄSIDENT: Interessiert mich nicht. Einmal rot geworden, haben sie deutlich genug gezeigt, was für ein Bockmist sie sind! Jetzt ist es zu spät! Außerdem haben wir die ganze Siedlung da hochgezogen, nur für die! Sagt jetzt nicht, wir lassen die Normalisierten wieder raus! Aus Rotstadt kommt keiner wieder raus. Vaterlandsverräter sind das, allesamt! Die bleiben da, bis sie krepieren!

GESUNDHEITSMINISTER: Herr Präsident, das ist es ja gerade … Die Diagnose lautet, dass sich die Zellen erneuern.

PRÄSIDENT: Bitte?

GESUNDHEITSMINISTER: Die Zellen der Rötung erneuern sich von selbst. Ihr Altern ist gestoppt.

PRÄSIDENT: Wie, gestoppt?

GESUNDHEITSMINISTER: Wahrscheinlich wiederum aufgrund dieser Chemikalien, denken w…

PRÄSIDENT: Moment mal, Moment! Willst du mir jetzt etwa sagen, die Leute sind unsterblich?

GESUNDHEITSMINISTER: Sieht ganz so aus, Herr Präsident.

PRÄSIDENT: Hören deine Ohren, was dein Mund sagt?

GESUNDHEITSMINISTER: Leider.

PRÄSIDENT: Was soll das heißen: unsterblich, Mann?!

GESUNDHEITSMINISTER: Wir werden sterben, aber die werden weiterleben, das heißt es, Herr Präsident.

Ein Dienstag. Büro des Staatspräsidenten.

PRÄSIDENT: Das ist völlig unmöglich!

GESUNDHEITSMINISTER: Herr Präsident, sie werden wirklich jünger ... Wir haben das sogar von einer internationalen Expertenkommission untersuchen lassen ...

PRÄSIDENT: So ein Mist! Und, was sagen die?

GESUNDHEITSMINISTER: Die werden sich verjüngen, bis sie so alt sind, wie sie waren, als sie das Gas abgekriegt haben, anschließend fixiert sich die Zellstruktur, sie werden also unsterblich. Offenbar haben wir es mit einem neuen Abwehrsystem des menschlichen Körpers zu tun, zweifellos ein völlig neues Phänomen in der medizinischen Wissenschaft ...

PRÄSIDENT: Es reicht!

Ein Mittwoch. Büro des Staatspräsidenten.

PRÄSIDENT: Das ist es?

GESUNDHEITSMINISTER: Ja, das ist eine Mixtur aus den Stoffen, die damals eingesetzt wurden.

PRÄSIDENT: Wie viel sprüht man?

GESUNDHEITSMINISTER: Ich hab mal in die Archive geschaut, bei der Sache damals kam das Gas ein wenig mehr als üblich zur Anwendung. Deshalb müsste nach unseren Berechnungen die ganze Kartu...

PRÄSIDENT: Schön und gut, aber das ist ja die reinste Industriegröße!

GESUNDHEITSMINISTER: Sicher, wenn die Anwendung intensi...

PRÄSIDENT: Schon gut, dann raus mit dir, ich sprüh mich selber ein.

GESUNDHEITSMINISTER: Wollen Sie wirklich? Aber in geschlossenen Räu...

PRÄSIDENT: Raus.

GESUNDHEITSMINISTER: Herr Präsident, Sie wissen es sicher besser, abe...

PRÄSIDENT: Raus, hab ich gesagt.

Ein Sonntag. Büro des Staatspräsidenten.

PRÄSIDENT: Sind die Testergebnisse da?

GESUNDHEITSMINISTER: Ja, Herr Präsident, aber leider negativ.

PRÄSIDENT: Negativ? Hab ich mich etwa völlig umsonst eingenebelt? Mir ist der Atem weggeblieben, ich wär fast krepiert, Mann!

GESUNDHEITSMINISTER: Es tut mir wirklich sehr leid … Es gibt keine Erklärung dafür … Bei Ihnen lässt sich einfach nicht dieselbe chemische Reaktion der Rötungen feststellen. Die Zellerneuerung kommt einfach nicht in Gang. Sie werden ja nicht einmal rot …

PRÄSIDENT: Das wirkt bei einer halben Million Leuten, nur bei mir nicht, ja? Mann, was unterscheidet mich denn von den Verdammten!

GESUNDHEITSMINISTER: Ich bitte Sie, Herr Präsident!

PRÄSIDENT: Nein, wirklich, bin ich etwa kein Mensch?

GESUNDHEITSMINISTER: Ah, daran hatte ich gar nicht gedacht.

PRÄSIDENT: Woran?

GESUNDHEITSMINISTER: Dass Sie ein Klon sind, Herr Präsident …

PRÄSIDENT: Na und?

GESUNDHEITSMINISTER: Das könnte der Grund dafür sein, dass die Wirkung ausbleibt.

PRÄSIDENT: Wenn ich ein Klon bin, bin ich ein Klon, was hat das damit zu tun? Auch ich bin ein Mensch!

GESUNDHEITSMINISTER: Aber, Herr Präsident, Ihre DNA-Struktur …

PRÄSIDENT: Weißt du überhaupt, wessen Klon ich bin?

GESUNDHEITSMINISTER: Wie sollte ich das nicht wissen!

PRÄSIDENT: Ein Mann, der sein Leben lang, bis zum Jüngsten Tag nichts anderes wollte, als seinem Volk zu dienen. So eines anständigen Mannes Klon bin ich! Ich bin der Klon des größten Staatsmannes, der je auf Erden gewandelt ist, lass dir das gesagt sein!

GESUNDHEITSMINISTER: Das weiß ich doch, Herr Präsident, nur könnte es für jemanden in Ihrer Lage physiologisch unmöglich s…

PRÄSIDENT: Es reicht, Schluss! Red keinen Unsinn, sag lieber, wie wir die Sache jetzt hinkriegen, lass dir was einfallen!

GESUNDHEITSMINISTER: Unsinn? Nun also, wenn das so ist …

PRÄSIDENT: Murmel da nicht vor dich hin, sag, was du zu sagen hast!

GESUNDHEITSMINISTER: Dann machen wir das so …

PRÄSIDENT: Was machen wir, raus mit der Sprache!

GESUNDHEITSMINISTER: Wenden wir das Gas weiter an! Sprühen Sie sich noch einmal ein. Ja, lassen Sie uns das Tag für Tag wiederholen, bis wir das gewünschte Ergebnis haben.

PRÄSIDENT: Genau das wollte ich auch sagen! Her mit dem Gas!

Janset Karavin

außergewöhnlich links

da nun einmal
Gepetto lange tot ist und nichts Außergewöhnliches daran ist
sollten wir wissen
kein anderer Puppenspieler und Rollenverteiler wurde je geboren!
Und in jener Nacht da sie unter dem Feigenbaum Lunte roch
entdeckte Zeliş[1]
die Zauberformel zum Lösen des festgefahrenen Schicksalsrads:
»nicht Zauber noch Gnade, Kraft und Mut, im Reizgas liegt die Kunst«
Die sich zur Meisterschaft aufschwingen und
die denen Lippenstift kein Trost ist
gleich Perlen aufgeknüpft sind sie im Schnauzer ihrer Väter
Auch
patzten sie bös mit dem Vergehensgesetz[2], mein Pascha
sie wissen ja nicht, dass nichts ehern ist
außer Wolken und Gedanken
mein Pascha
glaub mir der Apokalypse Aufschub verdankt sich den Heiligen nicht
In Gezi prügelten sie auf die Träumenden ein nach dem Vergehensgesetz, die Schweine
sie wissen ja nicht, dass nicht im Sterben das Außergewöhnliche liegt
im Leben
sie wissen ja nicht, wie schön Sterben sein kann um eines Baumes Blattes willen
mit einer Kugel mitten in der Stirn
lieben ohne Geländer mein Pascha das Leben ist das Außergewöhnliche
von Hand bekannter Täter in und ohne Uniform die's als Unfall hinstellen
und außergewöhnlich links

---

1   Zeliş: Titelheldin eines klassischen türkischen Jugendromans von Necati Cumali.
2   Das sog. Vergehensgesetz ahndet zivilrechtlich u.a. Sich-Anordnungen-Widersetzen, Bettelei, Glücksspiel, Trunkenheit, Lärm, Störung, Besetzung, Rauchen, Verweigerung von Angaben zur Person, Umweltverschmutzung, Plakate-Kleben, Waffenbesitz.

Ayfer Tunç

Ein offener Brief[1]

8. Juni 2013

Verehrter Leser,
lassen Sie mich den Gezi-Park zum Anlass nehmen, meine Ansichten auszuführen, die ich auf Twitter nur unzulänglich darstellen konnte.

Vorausschicken muss ich Folgendes: Ich setze mich an niemandes Tisch, auf dessen Visitenkarte ein politischer Titel steht. Was wir Macht nennen, enthält eine kleinere oder größere Menge Gift. Dabei ist ganz unerheblich, um welche Art von Macht es sich handelt oder wer sie innehat. Deshalb fühle ich mich als Mensch und Autorin verpflichtet, gegen jede Art der Repression von Machthabern zu protestieren, so wie mein Gewissen als Bürgerin mich nötigt, erfolgreiche Tätigkeiten von Regierungen anzuerkennen.

Politik, von der erwartet wird, Gesellschaften eine Ordnung zu geben, in der sich leben lässt, ist heute allzu schmutzig. Darunter fallen alle Spielarten von Politik: Parteien, Einrichtungen, Gruppierungen u.a. Aufgrund schlechter Erfahrungen in meiner Jugend stehe ich auch zivilgesellschaftlichen Initiativen mit einer gewissen Skepsis gegenüber. Andererseits ist das Leben selbst Politik, denn überall, wo zwei Menschen aufeinandertreffen, entsteht das Bestreben, Macht auszuüben. Doch ich brauche wohl nicht darauf hinzuweisen, dass es mir um die schmutzige Tagespolitik geht.

In einem Interview merkte ich einmal an, ich sei als »Linke« geboren. Was ich unter Linkssein verstehe, hat mit dem, was die Leute mit Transparenten und andere auf dem Taksim-Platz darstellen, rein gar nichts zu tun. Ich verstehe darunter die Trias von Gewissen, Gerechtigkeit und Mitgefühl. Meine Weltanschauung besteht aus Achtung für jeden Menschen, Meinungs- und Gedankenfreiheit, Gewissen, Gerechtigkeitsgefühl, Würde und Ehre der Person und Moral. Ich leide heftig an der Zeit, in der ich lebe, alle Begriffe meiner Weltanschauung schmerzen mich.

Selbst ein Ding hat eine Würde. Einer der traurigsten Anblicke auf dieser Welt ist ein in seiner Würde verletzter Mensch. Ich glaube nicht, dass Gesellschaften, die ihre Würde eingebüßt haben, zu retten sind oder auch nur eine Chance auf Stabilität haben. Was hier in letzter Zeit geschehen ist, hat mich in meiner Würde getroffen. Es quält mich als Mensch, von der mächtigsten Person in der Regierung getadelt, beschimpft und erniedrigt zu werden. Nichts davon braucht gegen mich persönlich gerichtet zu sein. Selbst

---

1   Dieser offene Brief ist die Antwort einer Mail an Ayfer Tunç von einem ihrer Leser während der Gezi-Proteste.

wenn diese Beleidigungen sich gegen Menschen richten, die ganz anders gestrickt sind als ich, betrifft es mich doch. Seine Würde zu bewahren, ist ein Menschenrecht.

Ich bin kein gläubiger Mensch, das war ich nie. Ich sage aber, und bitte darum, meiner Aufrichtigkeit zu vertrauen, ich würde mein Leben für ein Land geben, in dem jeder nach seinem Glauben leben kann. Die Scham und Seelenqual, die ich empfand, als ich erfuhr, dass in diesem Land junge Mädchen in »Überzeugungskammern« geführt wurden, noch jetzt, wenn ich nur daran denke, sträuben sich mir die Haare, war tausendmal größer als der Kummer, den ich heute empfinde. Für mich besteht kein Unterschied zwischen einer »Frau«, die ein Mädchen in die »Überzeugungskammer« führt und es drängt, ihr Kopftuch abzulegen, und einem Polizeichef, der einen Linken foltert. Psychische Folter schädigt den Menschen mehr noch als physische.

Die Türkei war nie ein Land, das von echter Demokratie regiert wurde. Unter Demokratie verstehe ich nicht, dass der Willen der Mehrheit umgesetzt wird, sondern ein faires, humanes System, in dem vor allem die Rechte der Minderheiten garantiert sind. Ein System ohne Gewissen, ohne Freiheit, Gerechtigkeit und Fairness bezeichne ich nicht als human. Die Polizeigewalt in diesem Land ist für mich nichts Neues. Auch für die Konservativen ist sie nicht neu. Die Geschichte dieses Landes wurde von den jeweiligen Machthabern bedauerlicherweise gnadenlos mit blutiger Gewalt geschrieben. Blättere ich durch die unzähligen Seiten der Schande in unserer Geschichte, sehe ich, dass Gewissen, Gerechtigkeit und Mitgefühl nicht vorkommen und Menschlichkeit ausgesetzt ist. Mein Land, dessen Register in Sachen Menschlichkeit von Anfang an belastet war, kann ich nur so lieben, wie ein Kind psychopathische Eltern liebt. Und das tut weh.

Kommen wir zum Gezi-Park …

Sie werden mir sicher zustimmen, dass bei solchen unvermutet entstehenden Bewegungen Staub aufwirbelt. Zu Beginn sieht man die gute Absicht, später legt sich dann wieder Staub auf alles. Verschwindet wieder alles unter dem Staub, könnte man sich zurückziehen; man könnte aber auch diejenigen, die trotz des Staubs und im Staub ihre Aufrichtigkeit, ihr Mitgefühl und ihr Gewissen bewahren, weiterhin unterstützen. Dafür habe ich mich entschieden. Dem Staub zum Trotz brachte ich es nicht über mich, die Protestierenden allein zu lassen.

Ich war heute im Gezi-Park. Die Transparente, die Symbole großer und kleiner opportunistischer politischer Initiativen finde ich lächerlich. Es gibt immer kleine Nutznießer. Große Provokateure gibt es auch und sie sind gefährlich. Doch ist es nicht Aufgabe des Staates, diese von solchen Aktivisten zu unterscheiden, die aufrichtig und unbescholten sind?

Ich bin dafür, das Gesamtbild zu betrachten. Ich hatte die Jugend für einfallslos und egoistisch gehalten und war bekümmert gewesen, sie nicht wertschätzen zu können. Nun hat sie mich eines Besseren belehrt. Denn diese Jugendlichen sind imstande, Freundschaft zu Menschen unterschiedlichster Meinung zu unterhalten, sie bemühen sich außerordentlich darum, die zu schützen, die sich nichts haben zuschulden kommen lassen, sie sind nicht gleich in Gruppen zerfallen, sie sind den Opportunisten, die versucht haben, sich unter sie zu mischen, nicht auf den Leim gegangen, und sie sind erstaunlich klug und komisch. Diese Eigenschaften habe ich bei dieser Jugend zum ersten Mal entdeckt und halte sie für sehr kostbar. Ich habe Hochachtung vor einem Verstand, der auf einen erschreckenden, gefährlichen und militaristischen Slogan wie: »Wir sind die Soldaten Mustafa Kemals«, antwortet: »Wir sind die Soldaten Mustafa Kesers[2]«, und ihn damit ins Lächerliche zieht und auflöst.

Auch dies aber muss ich sagen: Da ich mit sechzehn den Putsch vom 12. September 1980 erlebt habe, bin ich nun besorgt, wie es weitergeht. Der Grund dafür sind nicht die Provokateure, er ist die Polizeigewalt. Mich beunruhigt eine ungerechte Polizei und Verwaltung, die es gewohnt ist, jede noch so kleine Forderung nach Freiheit brutal zu ersticken, und das auch noch mit Leidenschaft. Ich fürchte weiterhin, dass Blut fließen könnte, dass die unschuldigen, berechtigten Forderungen nicht nur von Agents provocateurs benutzt, sondern auch von arroganten und despotischen Machthabern, die keinen anderen Weg als rohe Gewalt kennen, manipuliert werden könnten und diese neue, lebendige Jugend grob niedergewalzt werden könnte.

Wir leben in einer neuen Zeit. Die Geschichte dieser Zeit schreibt die »digitale« Generation. Ich mit meinen Ansichten von anno dazumal, mit meinen veraltenden Erfahrungen kann ihr weder eine Richtung weisen noch mit fertigen Urteilen aufwarten, ich kann nur versuchen, sie zu verstehen. Zu verstehen suchen aber ist das Einzige, was mich jung hält.

Ihnen und Ihren Lieben wünsche ich eine lichte Zukunft, die Ihnen keinen Kummer bereitet und für die Sie sich nie zu schämen brauchen.

Herzliche Grüße
Ayfer Tunç

---

2 Mustafa Keser: türkischer Schnulzensänger. Bei dem Slogan ging es weniger um seine Person als vielmehr um die klangliche Nähe seines Namens zu dem von Staatsgründer Mustafa Kemal (Atatürk).

104

»… das Atatürk-Kultur-Zentrum übersät von Plakaten und Transparenten, von denen man niemals gedacht hätte, dass sie zusammenkommen könnten…«

Karin Karakaşlı

Der Tropfen zum Überlaufen

Das muss die Prüfung der geistigen Gesundheit sein. Du hast etwas erlebt, das weißt du genau. Eine Weile darauf aber wird das derart beharrlich und brutal geleugnet, dass du anfängst, dich zu fragen: Kann das wirklich alles nur deiner Fantasie entsprungen sein? Kann etwas, das man erlebt hat, verschwinden, weil einige Leute hartnäckig sämtliche Spuren davon tilgen?

Diese Gedanken und Gefühle suchen mich jedes Mal heim, wenn ich am Taksim-Platz vorbeikomme. Es ist nicht lange her, im Sommer war es, da war hier die Republik der Freiheiten. Kunterbunt, einzigartig und autonom. Jetzt liegt hier nur noch ein grauer, ungestalter Platz. Nur Leere und Repression fallen einem dazu ein.

Es ist gar nicht lange her, im Sommer war es, da war das entkernte Gebäude des Atatürk-Kultur-Zentrums dort am Rand übersät von Plakaten und Transparenten, von denen man niemals gedacht hätte, dass sie zusammenkommen könnten. Das Leben war außer Rand und Band geraten und pulsierte durch den Park im Stadtzentrum. Gott sei Dank gibt es reichlich Belege dafür. Fotos, Videos, Schlüsselreize … Sonst wäre ich längst um den Verstand gekommen.

Ein Tropfen, für sich betrachtet, ist eine winzige Sache. Sammeln sich aber viele, wird eine große Sache daraus, die wächst, je mehr zusammenkommen. Den Tropfen zum Überlaufen verhindern zu wollen, ist gefährlich. Was hier aufkam, war die Sprache dieses letzten Tropfens.

105

Bei jedem Einzelnen hatte sich etwas aufgestaut. Polizeirepression am 1. Mai, Verdrängung aus dem Wohnviertel durch »Gentrifizierung« und Stadtentwicklung, »Elitequartiere« und Hochhäuser, die plötzlich aus dem Boden schießen, Tische, die aus dem Straßenbild verschwinden, Plätze, die einem genommen werden, das Verkaufsverbot für Alkoholika, Eingriffe ins Schlafzimmer, die so viel bedeuten wie: Liebet euch nicht, begattet euch, Direktiven, die vorschreiben, wie viele Kinder man bekommen und was für eine Generation aufgezogen werden soll, eine Agenda, die am Tag, nachdem auf offener Straße Frauen niedergestochen wurden, sich damit beschäftigt, ob die Pille nur noch auf Rezept zu haben sein soll, all das hatte sich angehäuft. Ganz oben auf dieser Liste stand auch, dass man über sein eigenes Leben nicht selbst bestimmen durfte. Der letzte Tropfen verwandelte dann einen Park in die Forderung nach einem neuen Leben.

Man sage nicht: Was ist schon ein Park? In einer nach Grün dürstenden Stadt wie Istanbul, wo die kleinen Quartiere gnadenlos zerstört werden, zählt der Park im Zentrum, durch den man laufen kann, viel. Mit anderen Worten: Du hast das Recht, über die Stadt, in der du lebst, mitzubestimmen, vor allem aber über dein eigenes Leben. Du musst es haben. Es hatte sich so vieles angesammelt, das mit Füßen getreten worden war, dass der Polizeieinsatz gegen die im Park zeltenden Umweltschützer zum letzten Tropfen gegen einen Herrschaftshabitus wurde, der prätentiöse Projekte plant und alles besser zu wissen vermeint als die Bürger. Was danach kam, war das Geräusch fließenden, springenden Wassers. Und es verstummte nicht wieder.

Die Spielarten der Einsamkeit

Individuelle Einsamkeit kennen wir. Wir fühlen uns manchmal als einziger Mensch auf Erden. Der Park hat dieses Einsamkeitsgefühl zwar nicht ein für alle Mal von uns genommen, doch er hat uns Erinnerungen geschenkt. Als all jene, die sich allein fühlten, zusammenkamen und füreinander eintraten, sahen wir, wie es möglich ist, unsere kleinen Lebenswelten umzuwandeln.

Das Geschehen zeigte aber auch die sogenannte Einsamkeit des Mächtigen. Die Einsamkeit, die in der angespannten, tief gefurchten Miene von Ministerpräsident Erdoğan sitzt, die in seinem markigen Tonfall mitschwingt und vor allem in seiner zu Spalterei und Befehlston neigenden Sprache zum Ausdruck kommt. Diese Einsamkeit geht so tief, dass er jedes Wort und jede Aktion persönlich nimmt und als gegen sich gerichtete Intrige auffasst. Eine Einsamkeit, die ihn dazu treibt, einem großen Teil der Bürger seines Landes offen zu drohen: »Da sind 50 Prozent, denen wir sagen, bewahrt um Gottes willen Ruhe, um sie im Haus zu halten«, und einen Reporter, der ihn nach Maßnahmen zur Eindämmung der Polizeigewalt fragte, zu mahnen: »Ihr seid es, die Reuters mit Informationen versorgt. All diese Botschaften stammen von euch.« Eine Einsamkeit, die ihrer Gesprächspartner verlustig geht, je mehr sie redet.

Wochenlang wurde hinter den Massen nach Organisationen, nach inneren und äußeren Aufrührern und Extremisten gesucht. Bald floss Blut, junge Leute starben. Ethem Sarısülük, Abdullah Cömert, Mehmet Ayvalıtaş, Ahmet Atakan, Medeni Yıldırım, Ali İsmail Korkmaz kamen in verschiedenen Städten durch Polizeigewalt ums Leben. Heute löst jeder Prozess zur Aufklärung der

Todesfälle Empörung aus. Dass die Täter beharrlich geschützt und nicht publik gemacht werden und den trauernden Familien noch das Beileid vorenthalten wird, potenziert die Wut und den Protest. Ali İsmail Korkmaz aus Eskişehir, der zu Tode geprügelte Student, und der 15-jährige Berkin Elvan, der eines Morgens losging, um auf dem Okmeydanı-Platz Brot für das Frühstück zu besorgen, von einer auf seinen Kopf abgefeuerten Gaspatrone getroffen wurde und seither im Koma liegt, nun schon seit Monaten[1], stehen uns als Koordinaten von Leid und Gewalt vor Augen. Die Polizeigewalt kostete zahllose Menschen ihre Gesundheit oder auch Augen oder Ohren. Lobna Allami, Mustafa Ali Tombul, İsmail Aydoğdu und Hakan Yaman sind aus Koma und schwerster Verletzung ins Leben zurückgekehrt und erinnern uns alle heute daran, wie brutal die Einsätze waren. Deshalb ist es unmöglich, den Widerstand in Stereotypen der Romantik zu sehen. Uns allen wurden Leid und Lügen im Übermaß zugemutet. Damit müssen wir leben.

Neue Zeiten der Verlogenheit

In jenen Tagen gab es zum einen die Realität, die wir erlebten, und zum anderen die alltäglichen Lügen. Tränengas, das von Anfang an gezielt gegen Menschen eingesetzt wurde und sich gleich einer Wolke der anderen Art über die Silhouette Istanbuls legte, und Wasser, das dich, wenn sein Strahl dich trifft, an die Wand nagelt oder durch die Luft schleudert, wurden als Sicherheitsmaßnahmen gegen »Aktivisten« hingestellt. Als diese Aktivisten

dann immer mehr wurden und das Volk repräsentierten, wurden sie zu »çapulcu« erklärt, zu Plünderern und Marodeuren. Als die Polizei sich später notgedrungen vom Platz zurückzog, hagelte es in Ankara, Adana und Antakya Reizgasgranaten. Nun tat sich die Bevölkerung wie in zeitgleichen Paralleluniversen erst recht zusammen.

Und während all dies geschah, zeigten die Bildschirme, vor denen wir mit Chips oder Obstteller zu sitzen pflegen, bis auf wenige Ausnahmen andere Welten. In den kritischsten Stunden, als es in ausländischen Medien großes Echo gab, sahen wir Dokus über Pinguine. Als später dann auch die Medien ihre Rolle in dem Spiel übernahmen, wurden uns von den mit Vorsatz ausgerichteten Kameras organisierte Molotowcocktailwerfer präsentiert, die mit Funkgeräten ausgestattet waren. Oh, diese Vandalen, oh, diese Feinde von öffentlichem Eigentum und Kapital! Oh, diese neuen Akteure, die mit Plakaten herumliefen und seltsamerweise von den legendären Wasserwerfern der Polizei nur eine Duschportion abkriegten!

Als Ministerpräsident Erdoğan des Blutvergießens gedachte, zu dem es beim Sturz des Staatspräsidenten in Ägypten gekommen war, verwies er selbst dabei noch auf die Gezi-Proteste: »Die [in Ägypten] hatten keine Waffen in den Händen, keine Molotowcocktails. Sie lehnten sich mit Geduld und Beharrlichkeit gegen das Geschehen auf. Sie traten für ihren Staatspräsidenten ein. Doch das Regime putschte sich an die Macht. Die Oppositionellen attackierten niemanden, sie beteiligten sich an keinerlei gewalttätigen Auseinandersetzungen, sie ließen keinen Vandalismus, keine Barbarei und keine Plünderungen zu. Wo sind diejenigen, die in Geschrei ausbrechen, weil die Polizei bei uns vollkommen zu Recht und absolut legitim

---

1   Am 11. 3. 2014 verstarb Berkin Elvan nach neun Monaten im Koma.

»*Wir wollen weder sterben noch töten. Wir wollen niemandes Soldaten sein.*«

Wasser und Reizgas einsetzte, wenn es um den Putsch in Ägypten geht?«

Ich rebellierte gegen den Satz, die Polizei habe »vollkommen zu Recht und absolut legitim Wasser und Reizgas« eingesetzt. Um all der Verluste und des Leids willen seufzte ich tief auf. Dieser Seufzer steckt mir in der Seele.

Die Chancen einer neuen Sprache

Es wurden aber in jenen Tagen aller Heroismusrhetorik zum Trotz auch ganz andere Diskurse erprobt. Ungeachtet der spalterischen, aufwieglerischen Sprache der Politik und leider auch eines Teils der Medien brachten die Gezi-Proteste kreative, von Humor geprägte Ausdrucksformen buntlegierter Menschen aufs Tapet. Beschimpfungen und Beleidigungen, in denen es von Frauen, Schwuchteln, Huren, Sexualität und Geschlecht nur so wimmelt, wurden in Workshops von Grund auf umgewandelt. Das Leben schuf eine neue Sprache und brachte die erniedrigende Kommando-Sprache der Macht um ihren Inhalt. Als die LGBT-Bewegung ihren seit Jahren geführten Kampf in diese Proteste einbrachte, verstand die Bevölkerung es, Seite an Seite mit den »Schwuchteln« zu protestieren. So wurde auch der Pride-Marsch nach Gezi mit 50.000 Teilnehmenden zum gemeinsamen Symbol für die Forderung nach einem freieren Land im Gegensatz zum heteronormativen System und ging damit weit über reine Sichtbarkeit der Homosexuellenbewegung hinaus.

Die Menschen, die im Park ihr Paradies errichteten, prägten eine neue Sprache. Nun hieß es: »Wir wollen weder sterben noch töten. Wir wollen niemandes Soldaten sein.« Eine flexible Sprache, die Parolen und Rhetoriken ins Lächerliche zieht und

den Humor mitten in unser Leben hineinträgt. Listig, frech, klug und witzig. Und mitten im Witz auch politisch so findig und ernsthaft wie möglich.

In diesem System, das Mann und Frau zu Sexualobjekten und Wohngebäude zu Eigentumsfetischen degradiert, kam uns diese neue Sprache mit ihrem Esprit und ihrer Musik, wie sie sich vom Park aus über die ganze Stadt verbreitete, wie ein Wunder vor. Die Poesie ging auf die Straße, sie wurde an Mauern und auf Tische geschrieben. Vor allem die Lyrik der Bewegung der Zweiten Neuen mit dem Individuum im Zentrum fand, vielleicht zum ersten Mal überhaupt, ihre Entsprechung im Leben. Für mich als Lyrikfreak gehört es mit zum Schönsten, dass ich inmitten all des Leids und der Lügen immer noch irgendwo in der Stadt auf Poesie stoße. Dafür bin ich dankbar.

Pınar-Selek-Platz und Hrant-Dink-Straße

Noch etwas machte mir diesen Park zur Heimat meines Herzens: Er nahm sich zweier Menschen an, die ein Teil von mir sind, die der Staat aber zu vernichten sucht, und damit auch ihres Engagements für Frieden. Die Soziologin und Autorin Pınar Selek trat in Wort und Tat in den riskantesten Zeiten für Diskriminierte ein, von der kurdischen Bewegung über Straßenkinder bis hin zu Transsexuellen. Mitten in der gesellschaftlichen Bewegung, an deren Macht sie glaubt, fand sie sich auf dem zentral im Park eingerichteten Pınar-Selek-Platz wieder, ein Ausdruck des Enthusiasmus, der auch sie ausmacht. Drei Mal wurde Pınar im Komplott des Prozesses um die Explosion im Ägyptischen Basar freigesprochen, in unglaublichen Justizskandalen und dem Versuch, ihre Persönlichkeit zu zerstören, wurde sie dennoch zu lebenslänglicher Haft unter verschärften Bedingungen verurteilt, weshalb sie ihr Leben und Arbeiten noch immer im Exil führen muss. Mit der auch von ihr inspirierten Solidarität kam sie zu ihrem Platz im Park.

Desgleichen Hrant Dink, der sein Leben dem Frieden gewidmet hatte. Um dieses Friedens willen wurde er von Justiz und Presse als »türkenfeindlicher armenischer Journalist« abgestempelt und zur Zielscheibe gemacht. Bei einem zum Himmel schreienden Anschlag vor dem Sitz seiner Zeitung, in den, wie heute bekannt ist, sämtliche staatlichen Kader persönlich verwickelt waren, wurde er umgebracht. Nach ihm wurde im Park eine Straße benannt. Es gelang bisher nicht, die Halaskârgazi-Straße, in der er ermordet wurde, in Hrant-Dink-Straße umzubenennen, doch in diesem Land, wo es unmöglich ist, die eigentlichen Täter dieses Mordanschlags offen zu benennen, wurde die Straße im Park zu einem unvergesslichen Symbol, das Hrant weiterleben lässt und uns die Kraft gibt, für ein Land nach seinen Vorstellungen zu kämpfen.

Auch bei den Steh-Aktionen, die aufkamen, als die Versammlungsfreiheit eingeschränkt wurde, geriet die Stelle, an der Hrant Dink ermordet worden war, nicht in Vergessenheit. Bei den Demonstrationen hallte das Viertel Osmanbey, in dem unsere Zeitung liegt, wider von dem Ruf: »Dem Faschismus zum Trotz bist du unser Bruder, Hrant!« Bis dahin hatte es nur die Beerdigung und das Gedenken zum 19. Januar, dem Jahrestag seines Todes, gegeben, die Bewegung aber, die sich in Wellen um die Achse Gezi-Park ausbreitete, integrierte Hrant Dink zum ersten Mal in eine Aktion, die dem Leben angehörte.

Oh, die Armenier, unser Feind im Inneren

Außerhalb des Parks ging das Leben weiter, wie wir es zurückgelassen hatten. In einer Atmosphäre, da Polarisierung und Heuchelei verbreitet wurden, bekamen auch die Armenier in einer Art staatlichen Reflexes von den Verleumdungen ihr Fett ab. Eine der prägnanten Reaktionen kam von Prof. Ahmet Atan, dem damaligen Leiter der Abteilung Kunst an der Fakultät für Kunst und Design der Istanbuler TU-Yıldız. In Kommentaren in den sozialen Medien schrieb Atan: »Ich habe Verständnis dafür, wenn Sie als Jude, Armenier oder Grieche sich aktiv an den Gezi-Aktionen beteiligen. Schauen Sie sich doch einmal Ihren Stammbaum an.« Damit waren den in den Reden des Premiers bezichtigten äußeren Kräften und ausländischen Medien weitere »Verräter« im Inneren beigestellt.

Der Ringer Rıza Kayaalp, der bei der Eröffnung der 17. Mittelmeer-Olympiade in Mersin die türkische Fahne trug, verkündete zu den Gezi-Protesten über Twitter: »Ihr habt den Platz den Armeniern überlassen, Allah strafe euch, ihr Aktivisten-Marodeure. Das Volk von Armenien jubelt: Wir haben den Taksim-Platz besetzt, wir können gemütlich die Türkei beleidigen. Ich sch… auf eure Aktion!«

Premier Erdoğan persönlich hob die Sache mit dem Rauchen und Biertrinken in der Moschee Bezm-i Alem Valide Sultan, die allseits Anlass zur Polemik wurde, auf ein neues Verleumdungsniveau. Die Moschee, die nach der Polizeihatz ihre Tore den bei Gasattacken und von Wasserwerfern Verletzten geöffnet hatte, wurde zur Erste-Hilfe-Station für die, die sich in höchster Not dorthin hatten flüchten können, die ganze Nacht über leisteten Ärzte dort ehrenamtlich Hilfe. Dennoch, und obwohl der Muezzin das mehrfach dementierte, wurden die Leute, die in der Moschee Zuflucht gesucht hatten, bezichtigt, dort ein Besäufnis abgehalten zu haben. Nachdem vom Premierminister der Zeigefinger ausgestreckt worden war, versäumten gewisse Kreise es nicht, die Zielscheibe geschwind zu erweitern. Der Journalist Süleyman Sefer schrieb in seinem Bericht über jene Nacht in der islamistischen Zeitung *Yeni Akit*: »In der Moschee waren Aktivisten, die nicht wie Türken und Muslime aussahen. Sie sprachen Griechisch, Armenisch und Deutsch. Überall lagen Bierflaschen herum. Damit man es in den Aufnahmen nicht sähe, füllten sie Wodka, Wein und Whiskey in Wasserflaschen. Das merkte ich am Geruch. Sie taten Dinge, bei denen man sich fragte, ob Muslime so etwas tun würden ...«

Kein Laborprodukt, sondern die Legierung des Lebens

Der Park zeigte auch, wie hilflos Verleumdung und Heuchelei letztlich sind. Seit 1915, als die Armenier, eines der ältesten Völker in Anatolien, aus ihrem Leben auf ihrem uralten Boden vertrieben wurden, konstruierte man aus dem verleugneten Leid historische Dominosteine. Als sie der Reihe nach kippten, fand sich das Böse legitimiert. Während heute nach dreißig Jahren Bürgerkrieg, nach unmenschlicher Folter, staatlichen Morden und unzähligen Mordanschlägen Frieden gesucht wird, ist dieses Terrain noch immer niemandes Freund. Der Park aber war eine Chance, dieses Spiel zu entlarven. Die Jugendinitiative Nor Zartonk (Neues Erwachen), geleitet von türkisch-armenischen jungen Leuten, eröffnete im Park ein Forum, wo sie

daran erinnerte, dass es sich bei den großen Flächen jenseits des Parks um den einstigen armenischen Friedhof handelt, der staatlicherseits enteignet wurde, und dass ein Teil der damaligen Grabsteine als Treppenstufen im Park verbaut wurde. Damit gab die Initiative ein aktuelles Beispiel für eine solche Chance.

Jeder zog seine eigene Story daraus. Hände, die mit schwerem Gerät jahrhundertealte Bäume samt Wurzeln ausgerissen hatten, pflanzten lächerliche Wegwerfblumen. Andererseits entwickelte sich in der auf dem Prinzip der Freiwilligkeit beruhenden Ordnung, die Dutzende von Menschen selbstlos etabliert hatten, zwei Wochen lang ein wunderbares Leben. Ordentlich aber war nichts, denn Protest und Widerstand richten sich ja stets gegen die diktierten Normen von Ordnung. Auch steril war die Atmosphäre keineswegs. Denn Sterilität ist die Realität von Laboren, ins Leben aber passt sie nicht. Sie ist kalt und einschüchternd. Die Menschen aber waren mit all ihren Vorhaben und Träumen hochanständig und wunderschön.

Mich lässt dieser neue Existenzzustand der Postprotestperiode an eine Legierung denken. Offensichtlich hat auch die materielle Welt ihren Anteil abbekommen von unserer Angewohnheit, alles zu kategorisieren und zu klassifizieren. Gold galt immer schon als das kostbarste Metall. Silber war das Sprungbrett zum Gold. Angelaufenes Silber, das funkelt, wenn man es poliert, benutzten wir in der Jugend, wuchsen wir heran, galt es, zum Bleibenden, zum Gold befördert zu werden. Kupfer dagegen war reine Nostalgie.

Jetzt aber ist da die Legierung. Dem Gold wird Silber beigemischt. Dem Silber Kupfer. Das eine wird in die Flüssigkeit des anderen getaucht. So erhält man unterschiedliche Farben und Schichten,

»Alles schien ein großes Heft zu sein, darin schrieben wir unsere Geschichten ein.«

persönlichen, originären Schmuck und Legierungen, die der Natur des Lebens entsprechen.

In der flutenden Menge im Park, auf den Straßen, in den Gassen, auf den wegen starken Andrangs zusätzlich eingesetzten Dampfern kannte ich niemanden. Doch wir alle hatten ein Auge aufeinander, um zu sehen, wie es uns ging, ob jemand etwas brauchte. Und wir nahmen den Geruch der Haut der anderen wahr. Den Duft der Freiheit. Wir sangen und winkten einander zu. Die schönsten Graffiti reihten sich aneinander. Sekunde für Sekunde erfanden wir schönere. Alles schien ein großes Heft zu sein, darin schrieben wir unsere Geschichten ein.

Es gehört zu den Wundern des Lebens, dass ein Fremder, mit dem du einen Augenblick teilst, zu deinem Nächsten werden kann, während dir manch andere Menschen, die dir sehr nahe standen, verlorengehen. Dieses Wissen, das man üblicherweise nur bei Naturkatastrophen und in Trauerzeiten erwirbt, hat der Park uns ins Gedächtnis gerufen. Auch, dass du mit all deinen Ängsten mutig sein kannst und dass genau das Freiheit bedeutet. Ein Rausch der Farben und Gerüche, und das Leben wurde zu Liebe. Daher pocht unser Herz so wild.

»Ich war etwas wie das Nichts von Nichts«, sagte Edip Cansever in einem seiner Gedichte[2] und dachte weiter:

»Ich glaube, ich lebe in einer Zeit,
In der nichts wirklich vollendet ist. Und all des
　Unvollendeten
Bin ich ein stiller Zeuge ohne Ruhm.«

Der Gezi-Protest gab uns für eine Weile das Gefühl der Vollendung, den Zustand, nicht Zeuge einer Zeit, sondern ihr Subjekt zu sein. Dieses innere Wissen pflanzten wir uns ins Herz und so brachen wir auf. Den Tropfen zum Überlaufen tragen wir stets in uns.

2　Aus: Edip Cansever: Pesüs [Tonlampe].

Barış Uygur

Ein Slogan fehlt

»Was war los in Gezi?« Bisher hat man diese Frage nicht beantworten können, und am ersten Jahrestag der Proteste auf dem Taksim-Platz, also zu dem Zeitpunkt, in dem ihr dieses Buch in Händen halten werdet, wird wohl niemand eine allseits befriedigende, angemessene Antwort haben. Für Politiker der alten Schule, Analysten und Journalisten ist Gezi immer noch der Elefant in dem dunklen Haus, dessen Geschichte in dem Mesnevi von Dschalaloddin Rumi erzählt wird:

Im finstern Hause war der Elefant,
wo von den Indern ausgestellt er stand.
Und viele Leute kamen, ihn zu sehen –
sie alle mussten in das Dunkel gehen.
Da sie ihn in der Dunkelheit nicht sahen,
berührten sie ihn nur mit ihren Händen.
Der, dessen Hand an seinen Rüssel rührte,
sprach: »Wie 'ne Regenrinne ist der wohl!«
Der, dessen Hand an seine Ohren traf,
rief: »Wie ein Fächer sieht das Wesen aus!«
Der, dessen Hand berührte nur sein Bein,
sprach: »Wie ein Pfeiler wird das Tier wohl
*   sein.«*

Gezi teilt mit dem Elefanten das selbe Schicksal: Alle sagen die Wahrheit, aber bei allen fehlt etwas.

Momentan ist es nicht möglich, von den spontanen, noch dazu vom Balkon aus gemachten Analysen ausgehend eine treffende Schlussfolgerung über Gezi zu ziehen. Dazu bedarf es seriöserer For-

schung auf dem Niveau einer Doktorarbeit. Und nein, der Ausdruck *vom Balkon aus gemachte Analysen* ist nicht das Produkt einer unfähigen Übersetzerin: In der Tat haben wir nämlich eine Menge Akademiker, die diese riesige Protestbewegung nur anhand ihrer Beobachtung von den Balkonen ihrer Wohnungen aus zu deuten wagten.

Gezi hat der Türkei eine Utopie geschenkt, wie sie sie noch nie erlebt hat. Vielleicht zum ersten Mal überhaupt kämpften Kemalisten und Kurden, Muslime und Zugehörige der LGBT, Anarchisten und Trotzkisten Seite an Seite. Viele Kemalisten entschuldigten sich bei den Kurden dafür, dass sie in dem 30 Jahre währenden schmutzigen Krieg nicht den Kurden, sondern den von der Regierung kontrollierten Medien Glauben schenkten. Sie lernten, sich von den grün-gelb-roten Fahnen der Kurden zumindest nicht beunruhigen zu lassen. Viele Muslime begannen, Zugehörigen der LGBT, die sie früher mit Skepsis betrachtet hatten, mit Sympathie zu begegnen. Kommunisten kämpften Schulter an Schulter mit Kleinbürgern. Aber neben all diesen Gruppierungen gab es eine, die mindestens ebenso stark vertreten war, und gerade sie verlieh Gezi ihren einzigartigen Zauber: die neue Jugend.

Natürlich kann auch ich Gezi nicht wesentlich besser erklären als die oben erwähnten Herrschaften. Dennoch bin ich, wenn auch nur minimal, im Vorteil: Ich gehöre selbst zu den Hunderttausenden von jungen Menschen, die sich im Gezi-Park versammelten, und verstehe die Sprache dieser Jugend wesentlich besser. Die Graffiti der Demonstranten, ihre Flashmobs, Parolen, *stencils,* also Graffiti-Schablonen, wurden zwar auch in Massenmedien thematisiert. Die meisten Experten aber, die in der Pose des allwissenden Intellektuellen mit der Hand am Kinn Gezi zu deuten versuchten, hatten große Schwierigkeiten, die Sprache der Jugend zu verstehen.

Ein regierungsnaher Journalist etwa, der das Wort *stencil* wahrscheinlich noch nie gehört hatte, zögerte keine Sekunde, die gleichzeitig an allen Wänden auftauchenden und »einander gleichenden« Graffiti mit einem geheimen Komplott in Verbindung zu bringen. Wie sonst könnten eindeutig »aus einer Hand stammende« Graffiti urplötzlich zahllose Wände in verschiedensten Ecken der Stadt schmücken? Das konnte nur eine landesverräterische Verschwörung sein, in der eine Reihe von professionellen Malern involviert waren! Wie überall auf der Welt denkt man auch in unserem Land bei dem Begriff »Verschwörung« gleich an CIA, Mossad und BND. Manche Journalisten sind immer noch felsenfest davon überzeugt, dass Millionen von Menschen auf die Straßen gingen, weil sie von ausländischen Geheimdiensten provoziert wurden. Den Grund für die englischsprachigen Slogans der Gezi-Jugend erklären sie mit der Absicht, Botschaften in die Welt schicken zu wollen, ja sie behaupten sogar, diese Slogans stammten von ausländischen Geheimdiensten und würden von Werbeagenturen kreiert, die in deren Auftrag arbeiteten.

Natürlich konnte man den Witz in den Parolen nicht abstreiten, der selbst die regierungsnächsten Journalisten unwillkürlich zu einem Lächeln zwang. Noch amüsanter als der Witz war aber vielleicht die Behauptung, die Slogans seien »ohne jeden Zweifel« von Werbeprofis geschaffen worden. Nur so konnten sich die Journalisten die unglaubliche Kreativität der Jugend erklären. Dann aber fragt man sich zwangsläufig: Wenn Werbeprofis imstande sind, innerhalb kürzester Zeit so viele den Kern der Sache treffende, witzige Slogans zu produzieren, die sich ins Gedächtnis der Massen eingravierten, warum malträtierte man uns dann jahrelang mit miserablen, ewig gleichen Werbekampagnen?

Dabei lief die Sache ganz anders. All die schlauen Kommentatoren kannten die Jugend, die während der Gezi-Proteste auf die Barrikaden ging, die die Wände mit unzähligen unterschiedlichen und geistreichen Parolen schmückte, ganz und gar nicht. Jahrzehntelang waren diese jungen Menschen für sie nichts weiter als »Rücken«, ohne zu ahnen, wozu sie imstande sind und wie mutig sie sein können.

Um die Wahrheit zu sagen: Ich ahnte es auch nicht. Zweifellos beteiligten sich an den Gezi-Protesten bereits politisierte junge Anhänger Dutzender verschiedener politischer Bewegungen und Parteien sowie Fußballfans mit reichlich Erfahrung in Bezug auf Konfrontation mit Polizeigewalt. Die größte Überraschung ging aber auf das Konto der Jungs und Mädels, die noch nie auf die Straße gegangen waren und von denen es auch niemand erwartet hätte. Sie waren bisher weder Anarchisten noch Trotzkisten, weder Marxisten noch Liberale, weder Kemalisten noch Sozialdemokraten. Für die meisten von uns waren sie bislang Kinder, die wir nur als »Rücken« sahen; Kinder, die ihre ganze Zeit vor dem Computer verbrachten.

Während der Gezi-Proteste hatte ich die Gelegenheit, mit vielen jungen Menschen selbst ins

Gespräch zu kommen beziehungsweise im Park ihre Gespräche untereinander zu verfolgen. Die meisten kannten sich seit Jahren, kennengelernt aber hatten sie sich nicht in einer Bar oder einem Café in Taksim oder in der Schule, sondern im Internet. Sie wurden Freunde in *Ekşi Sözlük*, einer speziellen Art von Internetforum mit eigenen Regeln, bei Twitter, Facebook und in sogenannten *online mass multiplayer games* wie World of Warcraft. In Gezi trafen sich manche zum ersten Mal außerhalb der virtuellen Welt. Gerade diese Kinder, die sich eher mit ihren *nicks* anredeten als mit ihren normalen Rufnamen, stürzten die selbsternannten Experten, die Gezi vom Standpunkt ihrer eigenen politischen Überzeugung aus zu deuten versuchten, in größte Verwirrung. Dabei war ihre Botschaft ganz simpel: So wenig es ihnen gefiel, wenn ihre Eltern ihnen vorschrieben, was sie zu tun und zu lassen hatten, so wenig wollten sie, dass der Ministerpräsident ihnen Befehle gab. Genau das war es, das diejenigen, die von Gezi politisch zu profitieren oder den Widerstand in Gezi an eine parlamentarische Bewegung zu knüpfen hofften, einfach nicht begreifen konnten. In Gezi trat eine Jugend auf, die den politischen Spielen im Parlament jegliche Hoffnung aberkannt und mit traditioneller Politik nichts am Hut hatte. Ihre größte Forderung war, »in Ruhe gelassen zu werden«, aber sie waren nicht zu unterschätzen. Meines Erachtens war es nicht sehr vernünftig zu meinen, man könnte diese jungen Menschen, die sich in Internetforen oder -spielen kennengelernt hatten, die dort ihre Freundschaften aufbauten und deren Kommunikation sich überwiegend dort abspielte, für die verstaubte und träge parlamentarische Politik gewinnen. Der größte Irrtum war wohl, diese Jugend, die Videospiele, Internet, Musik, Kino

und Fernsehserien in den Mittelpunkt ihres Lebens rückte, politisch zu unterschätzen.

Zunächst einmal konnten sie alle mehr oder weniger Englisch lesen, und das nicht etwa, weil sie, wie vielfach angenommen, »weiße Türken«[1]

»In Gezi trafen sich manche zum ersten Mal außerhalb der virtuellen Welt.«

wären oder Eliteschulen besucht hätten. Sie verstanden Englisch, weil ihre Computerspiele auf Englisch waren und in ständiger Online-Kommunikation mit anderen gespielt wurden. Nicht teuer bezahlte ausländische Lehrkräfte der Elitegymnasien waren ihre Englischlehrer, sondern englischsprachige Songs, Filme und Fernsehserien. Tragikomischerweise nahmen sie die Journalisten, die in ihren Kolumnen oder Fernsehprogrammen großspurig vermeintliche Weisheiten predigten und ihnen gute Ratschläge zu erteilen versuchten, nicht im geringsten ernst. Aufs Parkett der parlamentarischen Politik eingeladen, nahmen sie sogleich den Twitter-Account des Parlaments unter

---

1 Im Sinn von: elitär, westlich orientiert, mit guter Ausbildung, meistens nicht kurdischer Abstammung, konform mit dem Staat.

die Lupe und stellten fest, dass seit Jahren sogar die Erörterung von Anfragen oder Anträgen der Oppositionsparteien von der Regierungspartei abgelehnt und nur jene der Regierungspartei in die Tagesordnung aufgenommen und bis auf eine Hand voll lustiger Ausnahmen auch akzeptiert wurden. Sie machten quasi einen *crash-course* im Bereich parlamentarische Demokratie in der Türkei und setzen dann ihr Leben fort.[2] Das Wissen hochnäsiger Journalisten, nur vom Hörensagen angeeignet und weitergegeben, um damit zu prahlen, kontrollierte die Jugend in Echtzeit im Internet und hatte im Nu mehr Informationen zum Thema als diese Schreiberlinge. Mit Tweets, die bekanntermaßen aus höchstens 140 Zeichen bestehen dürfen, gelang es den Jugendlichen, Kolumnisten, die immer noch meinen, sie seien die Einzigen im Land mit Fremdsprachenkenntnissen und Auslandserfahrung, regelrecht durch den Kakao zu ziehen. Denn entweder waren sie selbst bereits im Ausland gewesen oder hatten etwa über das Erasmus-Studentenaustauschprogramm oder durch Online-Videospiele Leute überall auf der Welt kennengelernt. Noch vor den renommierten Journalisten entlarvten sie die Lüge der politischen Führungspersönlich-

keiten »Bei den Wallstreet-Protestaktionen starben x Menschen« durch Surfen in der New York Times-Webseite. Und das, während die namhaften Pressestars diese Politikerlüge unbeirrt weiter rezitierten.

Die meisten jungen Menschen im Land hatten ihr Vertrauen in die Presse längst verloren. Der magere Rest, der noch glaubte, was er in der Zeitung las, gab während der Proteste diesen Glauben auf. Die Jugend verstand sehr wohl die Botschaft jener alteingesessenen Journalisten, die, in der Rolle des älteren, weiseren Bruders, sie zu lenken versuchten, umgekehrt aber hatten diese überhaupt keine Ahnung von den Wünschen der Jugend. Der einem süßen Rausch ähnelnde Mut, mit dem die Jugendlichen auf die Barrikaden gingen, ihre spontane Solidarität und Koordination in Momenten, in denen die Gewalt hochkochte, versetzten sogar revolutionäre Linke vom alten Schrot und Korn, die ihr Leben auf Demos verbracht hatten, in höchstes Staunen. Dabei konnte jeder, der ein bißchen Ahnung von Spielen wie Counter Strike oder World of Warcraft hatte, erkennen, dass die Jugend im Grunde genommen nur die üblichen Spielstrategien verfolgte: Kollektiver Kampf gegen einen Level Boss oder einen Spielgegner! So wie sie im Spiel über das Chatfenster oder PC-Headsets Aufgaben verteilten und koordiniert vorgingen, so taten sie es auch im Kampf gegen die Polizei. An die Stelle des Chatfensters traten die *instant messaging services* ihrer Smart Phones oder Twitter. So wie der Spieler, dessen Gesundheitsbalken weniger *health points* zeigte, sich zurückzieht und die Fitteren vortreten, bis er sich erholt hat, zogen sich erschöpfte Demonstranten hinter frischen Kräften zurück. Vergessen Sie die Wandparole: »Nee, Mama, wir sind hinten«, die wohl auch

2 Außer dem Antrag vom 1. März 2003 (bzgl. der Frage, ob der amerikanischen Armee das Eingreifen im Irak von türkischem Boden aus gestattet werden sollte und ob türkische Einheiten in den Irak entsendet werden sollten) kam es nur zweimal zur Ablehnung eines von der Regierungspartei gestellten Antrags; beide Fälle sind überaus amüsant. Die Abgeordneten der Regierungspartei betraten, ohne die Debatte verfolgt zu haben, zur Abstimmung den Versammlungraum. Sie sahen, dass die Opposition einem Antrag zustimmte, hielten ihn fälschlicherweise für einen Antrag der Opposition, stimmten dagegen und lehnten damit ihren eigenen Antrag ab.

»Tschapulierende Jugend«

»Öffentlicher Strand«

in die Handys gerufen wird, um die besorgten Mütter zu beruhigen; jeder hat während der Gezi-Proteste zu gegebener Zeit an vorderster Front gekämpft. Mit einem überaus klugen Rotationsverfahren kämpfte die Jugend gegen einen um ein Vielfaches stärkeren Gegner!

»Du hast dich mit der Generation angelegt, die in GTA Polizisten prügelt!« So lautete beispielsweise ein Slogan, den man während Gezi an den Istanbuler Hauswänden lesen konnte. Wenn einer nicht weiß, worum es in GTA geht, versteht er natürlich nicht die Bohne. Grand Theft Auto ist ein populäres Computerspiel, bei dem die Spieler durch Straftaten die Karriereleiter nach oben klettern und dabei ständig auf der Flucht vor der Polizei sind. Dabei dürfen sie jegliches Vehikel vom LKW bis zum Hubschrauber stehlen und einsetzen. In einem der spektakulärsten, mittlerweile legendären Momente der Proteste beobachteten wir mit weit aufgerissenen Augen, wie das Spiel Wirklichkeit wurde: In Beşiktaş stahl eine Gruppe von Fußballfans einen Bagger und ging damit auf Polizisten los. Ein solches Vorgehen hatte es vorher noch in keiner politischen Aktion gegeben, und es war nicht nur witzig und amüsant, sondern gleichzeitig auch Beweis, dass die Demonstranten beinahe ebenso mutig vorgingen wie in einem ihrer Videospiele.

Ein anderes Kapitel in dieser Geschichte bildeten die Fernsehserien. Sätze wie »Tayyip, Winter is

»Du hast dich mit der Generation angelegt, die in GTA Polizisten prügelt!«

coming!« und »Welcome To Fight Club!«, wie sie überall in der Stadt zu lesen waren, wurden von den Kommentatoren, die der Welt der Jugendlichen vollkommen fern waren, entweder als gekünstelte Bemühungen der Jugend angesehen, ihre Gedanken auf Englisch auszudrücken, oder als Beweis dafür, dass ausländische Geheimdienste ihre Finger im Spiel hatten. Diejenigen, die diese Anspielungen verstehen konnten, sahen die Situation natürlich ganz anders.

Die meisten Anspielungen auf Computerspiele, Fernsehserien und Fantasyromane habe ich, ehrlich gestanden, auch nicht auf Anhieb durchschaut. Dennoch war es keine komplizierte Sache, im Gezi-Park die Namen der entsprechenden Spiele, Filme oder Serien bei den Jugendlichen in Erfahrung zu bringen. Nachdem ich sie gelernt hatte, ging ich, wann immer ich mich vom Widerstand loseisen konnte, sofort nach Hause und sah sie mir genauer an, wobei ich feststellen musste, dass keine einzige dieser Anspielungen nur so zum Selbstzweck oder wegen des lustigen Klangs gemacht worden war. Diese Spiele, Filme und Serien sind in der Tat viel politischer, als sie auf den ersten Blick erscheinen.

Um die Gefühlslage der jungen Menschen zu verstehen, die »Winter is coming« oder »Joffrey Blondschopf, wir finden dich!« an die Wände schrieben, fing ich Hals über Kopf an, mir Game of Thrones anzusehen. Als ich mir an einem Tag

mit besonders heftigen Protesten auf einer Web-seite eine von Freiwilligen untertitelte Folge ansah, verblüffte mich vor allem der Vorspann. In einer naiven und auf Verständnis hoffenden Sprache er-klärte der Verfasser der Untertitel die seit Tagen währenden Auseinandersetzungen sowie die Gründe für ihren Kampf, begleitet von den Slo-gans #direngeziparkı, #direntaksim, #direnbeşiktaş, #direnankara, #direnizmir[3] und einer Schweigemi-nute zu Ehren der Freunde, die bis dato bereits ums Leben gekommen waren. Der Gedanke »Für Tayyip Erdoğan kommt tatsächlich der Winter« drängte sich mir förmlich auf.

Aber wie ich bereits sagte, es gab Dutzende, Hunderte solcher Slogans. Um die meisten zu ver-stehen, musste man sich vielleicht in der Welt der Computerspiele und Fernsehserien auskennen, aber es mangelte auch nicht an traditionellen Paro-len, die man überall auf der Welt auf den ersten Blick verstehen würde. Soweit ich sehen konnte, wurden fast alle bisher verwendeten Slogans der unterschiedlichsten Protestaktionen verwendet. An den Mauern stand *Revolution will not be tele-vised* ebenso wie *Verbieten verboten. Sei realistisch, verlang das Unmögliche, All power to the Imagina-tion, Make Love Not War, No Pasarán! Venceremos* … All diese Parolen lasen wir an den Wänden, hörten wir aus den Kehlen Tausender Gezi-De-monstranten. Auf Türkisch, auf Englisch und in

---

3 »Diren« bedeutet »Leiste Widerstand, halte durch!«, ge-folgt von den Ortsbezeichnungen Gezi-Park und so weiter.

anderen Sprachen wurden quasi alle Slogans skandiert, die ich kenne. Bis auf einen.

Alles, aber auch wirklich alles schrieben sie an die Wände, nur nicht *No Future!* Der Erste, der mich mit der Nase auf diese Tatsache stieß, war mein lieber Freund Selahattin Özpalabıyıklar. In den ersten Protesttagen, in denen das Volk die Polizei aus Taksim vertrieben und die Kontrolle über Taksim und den Gezi-Park übernommen hatte, sagte er mir, während wir im Park plauderten: »Hast du es bemerkt, niemand schreibt *No future!* Das finde ich super!«

Die kurzfristigen Resultate der Gezi-Proteste lassen sich schwer abschätzen. Aus diesen Ergebnissen einen Sieg für die rebellierende Jugend zu prophezeien ist noch schwieriger. Unter den un-

zähligen Slogans aber war für mich der ungeschriebene der bedeutungsschwerste. Kein Einziger hatte *No Future!* an die Wände geschrieben. Ihr könnt mir gern unverbesserlichen Optimismus vorwerfen, aber für mich bedeutet alleine schon das, dass wir eine Zukunft haben!

Die Autorinnen und Autoren

Oya Baydar

1940 in Istanbul geboren, Schriftstellerin und Journalistin, studierte Soziologie. Sie ist seit Jahrzehnten in der türkischen Linken engagiert, gehört zu den Gründungsmitgliedern der Türkischen Sozialistischen Arbeiterpartei, nach dem Militärputsch 1980 wurde sie inhaftiert und anschließend des Landes verwiesen, zwölf Jahre lebte sie in Frankfurt, bevor sie 1992 in die Türkei zurückkehrte. Zwei ihrer stark politisch geprägten bisher acht Romane erschienen auch auf Deutsch.
Der Kater heißt Tschapul ist ein Originalbeitrag und wurde von Monika Demirel übersetzt.

Gaye Boralıoğlu

1963 in Istanbul geboren, Schriftstellerin und Journalistin, studierte Philosphie und war u.a. als Werbetexterin und Drehbuchautorin tätig. Von ihren Romanen und Erzählungen erschien 2013 *Der hinkende Rhythmus* bei Binooki auch auf Deutsch.
Im Schaufenster ist ein Originalbeitrag und wurde von Sabine Adatepe übersetzt.

Fırat Budacı

1976 in Denizli geboren, Satiriker, ursprünglich Zahnarzt, sattelte 2007 bei der Gründung des Satire-Magazins *Uykusuz* um und schreibt seither für die Zeitschrift, legte bisher vier Bücher mit gesammelten Satire-Texten vor.
Die Liebe in den Zeiten des Widerstands erschien zuerst in *Uykusuz* (2013). Aus dem Türkischen von Monika Demirel.

Gökçenur Ç.

1971 in Istanbul geboren, aufgewachsen in diversen Städten der Türkei, studierte Elektronik an der TU Istanbul und Business Administration an der Universität Istanbul. Seit 1990 veröffentlicht er Lyrik, 2006 erschien seine erste Gedicht-Sammlung, mittlerweile sind es fünf. Seine Texte sind vielfach übersetzt, er selbst übersetzt internationale Lyrik ins Türkische und gehört zu den Betreibern der Plattform für Literaturaustausch in Südosteuropa word-express.org.
Gasmaske, Taucherbrille, Talcid und Milch erschien zuerst in *Özgür Edebiyat* (Nr. 20), November 2013. Aus dem Türkischen von Monika Carbe und Sabine Adatepe.

Cevat Çapan

1933 in Kocaeli geboren, Dichter, Autor, Übersetzer und Professor em. für englische Literatur, zuletzt ausgezeichnet mit dem Lyrik-Preis Goldene Orange, gehört zu den renommiertesten türkischen Dichtern, übersetzt aus dem Englischen, Italienischen und Griechischen.

122

Haydar Haydar erschien zuerst in *Sözcükler* (Nr. 44), Juli-August 2013. Aus dem Türkischen von Monika Carbe und Sabine Adatepe.

Turgay Fişekçi

1956 in Balıkesir geboren, Dichter und Autor, studierte Jura, anschließend langjährige Tätigkeit als Redakteur und Lektor bei diversen Zeitungen und Zeitschriften, gibt seit 2006 die Literaturzeitschrift *Sözcükler* heraus. Seine Lyrik wurde vielfach ausgezeichnet, u.a. mit dem Behçet-Necatigil-Lyrikpreis und zuletzt dem Melih-Cevdet-Anday-Lyrikpreis.
Sieben Leben erschien zuerst in *Sözcükler* (Nr. 44), Juli-August 2013. Aus dem Türkischen von Sabine Adatepe.

Suzan Geridönmez

1966 in Kaiserslautern geboren, Literaturübersetzerin und Autorin, lebt in Istanbul, wo sie deutsche Sprache und Literatur studierte, sie war als Bibliothekarin, Verlagsredakteurin und -lektorin tätig, übersetzt Literatur aus dem Deutschen und schreibt selbst vor allem Kinder- und Jugendbücher.
Hacı ist tot! ist ein Originalbeitrag und wurde von Sabine Adatepe übersetzt.

Hakan Günday

1976 auf Rhodos geboren, lebt in Istanbul, zunächst Übersetzer- und Dolmetscherstudium für Französisch in Ankara, dann Politikstudium in Brüssel und Ankara, legte seit 2000 bisher acht Romane vor, auf Deutsch erschien sein vorletzter Roman *Extrem* im März 2014.
Der erste geklonte Staatspräsident und seine Tragödie erschien zuerst in der Zeitschrift *OT* (Nr. 5), Juli 2013. Aus dem Türkischen von Sabine Adatepe.

Karin Karakaşlı

1972 in Istanbul geboren, Übersetzerin, Schriftstellerin und Journalistin mit armenischen Wurzeln, Übersetzerstudium in Istanbul, Tätigkeiten als Dozentin und Lehrerin, seit 1996 diverse Positionen bei der armenischen Wochenzeitschrift *Agos*. Sie hat Romane, Erzählbände, Lyrik, Essays und Sachtexte vorgelegt.
Der Tropfen zum Überlaufen ist ein Originalbeitrag und wurde von Sabine Adatepe übersetzt.

Janset Karavin

Autorin, Grafikdesignerin, Pantomimin und Puppenspielerin, Straßenkünstlerin, Gründungsmitglied der Kooperative Düşülke, wo sie u.a. Pantomime-Workshops leitet und als Herausgeberin im angeschlossenen Verlag tätig ist. Sie hat zwei Romane und eine Autobiographie vorgelegt.
außergewöhnlich links entstand 2010-2013 und erschien zuerst in *Bireylikler* (Nr. 52), August 2013. Aus dem Türkischen von Sabine Adatepe.

Ayşe Kulin

1941 in Istanbul geboren, Schriftstellerin, studierte Literaturwissenschaften, war als Redakteurin und Reporterin für diverse Zeitungen und Zeitschriften sowie als Produzentin für Film und Fernsehen tätig. Ihre zahlreichen Romane und Erzählbände sind Bestseller in der Türkei, 1997 wurde sie zur Autorin des Jahres gewählt, sie engagiert sich vor allem für die Bildung benachteiligter Mädchen und ist seit 2007 UNICEF-Botschafterin. Von ihren Romanen liegt bisher nur *Der schmale Pfad* auf Deutsch vor.
Von Bäumen und Menschen ist ein Originalbeitrag und wurde von Sabine Adatepe übersetzt. Die Karikatur von Irvin Mandel erschien zuerst in *Şalom* (Juli 2013).

Murat Menteş

1974 in Istanbul geboren, Dichter und Romancier, macht Radio- und Fernsehprogramme zu Kunst und Kultur. Ab 2012 führte er eine Kolumne in der islamistischen Zeitung *Yeni Şafak*, die er aufgrund seiner Haltung zu den Gezi-Protesten im Juli 2013 aufgeben musste. Seine sieben Bücher sind bislang nicht ins Deutsche übersetzt.
Sprungtritt ist ein Originalbeitrag und wurde von Sabine Adatepe übersetzt.

Barış Müstecaplıoğlu

1977 in Kocaeli/İzmit geboren, studierte Bauwesen in Istanbul, wo er auch lebt. Er war im Personalbereich tätig, schrieb schon ab der Schulzeit Kurzgeschichten und wandte sich durch den Einfluss seines in den USA lebenden Bruders der Fantasy-Literatur zu. Sein Werk umfasst aber auch einen Thriller und einen historischen Roman. Seine Rezensionen und Essays erscheinen in diversen türkischen Zeitschriften. Bei Binooki erscheint seit 2013 seine Fantasy-Reihe *Die Legenden von Perg* auf Deutsch.
Der Farbengarten ist ein Originalbeitrag und wurde von Monika Demirel übersetzt.

Burhan Sönmez

1965 in Haymana/Ankara geboren, Schriftsteller, Publizist und Politiker mit kurdischen Wurzeln, studierte Jura, lebt in Istanbul und Cambridge, lehrt Literatur in Ankara, gibt für den Ayrıntı-Verlag u.a. die Reihe *Linke Theologie* heraus, veröffentlicht vor allem Kolumnen und Essays zu Kultur, Religion und Politik. Sein zweiter Roman *Masumlar* wurde 2011 mit dem renommierten Sedat-Semavi-Literaturpreis ausgezeichnet. Der dritte erscheint im Sommer 2014.
Ästhetik des Widerstands erschien zuerst in der Tageszeitung *Birgün*, 13.06.2013, und wurde vom Autor für die Anthologie leicht überarbeitet. *Ein Buch aus der Gezi-Bibliothek* ist ein Originalbeitrag. Beide Texte aus dem Türkischen von Sabine Adatepe.

Ayfer Tunç

1964 in Adapazarı geboren, Schriftstellerin und Publizistin, studierte Politik in Istanbul, wo sie auch lebt. Seit 1983 schreibt sie in diversen Zeitungen und Zeitschriften hauptsächlich über Literatur, sie war als

Verlagsredakteurin und Drehbuchautorin tätig. Die engagierte, mehrfach ausgezeichnete Autorin legte bisher dreizehn Romane und Erzählbände vor, journalistische und essayistische Beiträge in zahlreichen Periodika.

Ein offener Brief erschien am 8. Juni 2013 auf den Blogs *egoistokur.com* und *muratgulsoy.wordpress.com*. Aus dem Türkischen von Sabine Adatepe.

Barış Uygur

1978 in Eskişehir geboren, studierte zunächst Kommunikation, dann Geschichte in Istanbul, wo er auch lebt. Er war früh als Redakteur für Zeitungen und Zeitschriften tätig und gehört zu den Gründern des Plattenlabels *Peyote Müzik* und der Satirezeitschrift *Uykusuz*, zwei Krimis liegen bisher von ihm vor, *Rendezvous auf dem Friedhof Feriköy* erschien auf Deutsch bei Binooki 2014.

Versprochen und *Ein Slogan fehlt* sind Originalbeiträge und wurden von Monika Demirel übersetzt.

Murat Uyurkulak

1972 in Aydın geboren, ging nach Stippvisiten an der Universität Izmir nach Istanbul, wo er diverse Tätigkeiten ausübte und bald im Verlags- und Redaktionswesen als Korrektor, Lektor, Übersetzer und Redakteur aktiv wurde. Neben einer Reihe Übersetzungen aus dem Englischen liegen zwei Romane und ein Erzählband von ihm vor, derzeit ist er vor allem als Drehbuchautor für Fernsehserien engagiert. Beide Romane gelten als Kultromane und sind auch ins Deutsche übersetzt. (*Glut* erschien 2013 bei Binooki.)

Lebte er noch erschien am 23.11.2013 in der Tageszeitung *Özgür Gündem* und wurde von Sabine Adatepe übersetzt.

Ahmet Ümit

1960 in Gaziantep geboren, Schriftsteller, studierte Verwaltungswirtschaft in Istanbul und Gesellschaftswissenschaften in Moskau, war lange in der türkischen Linken aktiv, schrieb Lyrik, Erzählungen und Essays für diverse Literatur-Zeitschriften, gilt als Wegbereiter des Kriminalromans mit literarischem Anspruch in der Türkei, seine politisch konnotierten Krimis sind Bestseller, drei seiner bisher 23 Bücher liegen auch auf Deutsch vor.

Die Erzählung *Die Bäume vom Gezi-Park* wurde vom Autor modifiziert als ein Kapitel in seinen Roman *Beyoğlu'nun En Güzel Abisi* (2013) aufgenommen. Aus dem Türkischen von Sabine Adatepe.

Nermin Yıldırım

1980 in Bursa geboren, Schriftstellerin, studierte Kommunikationswissenschaften in Istanbul, war als Reporterin, Redakteurin, Kolumnistin und Werbetexterin tätig. Sie lebt seit 2010 hauptsächlich in Barcelona und legte bisher drei Romane vor, ihre Erzählungen erschienen in diversen Zeitschriften und Anthologien.

Das Gezi-Tagebuch einer Mutter ist ein Originalbeitrag und wurde von Sabine Adatepe übersetzt.

Die Fotografin

Selen Özer Günday
Fotografin, Absolventin der Abteilung Fotografie der Mimar-Sinan-Universität für Schöne Künste (2000). Ihre Fotografien von Konzerten, Räumen und Reisen sowie Portraitaufnahmen erschienen in diversen Magazinen und wurden in Gemeinschaftsausstellungen gezeigt. Ihr Schwerpunkt liegt bei experimenteller Fotografie, derzeit entwickelt sie das Projekt *Leute ohne Luft* (selenog.blogspot.com).
© für alle Fotos der Anthologie

Die Übersetzerinnen

Monika Demirel
1960 in Wiesbaden geboren, lebt in Istanbul und Köln, Diplomübersetzerstudium in Heidelberg, Tätigkeiten als Dozentin für Deutsch als Fremdsprache und in der Reisebranche, lebt seit 1993 in der Türkei. Ausgezeichnet mit dem Tarabya-Übersetzerpreis Förderpreis 2013, übersetzte zuletzt u.a. Romane von Oya Baydar, Alper Canıgüz, Barış Müstecaplıoğlu und Barış Uygur.

Sabine Adatepe
1963 in Hamburg geboren, Autorin, Literaturübersetzerin und Bloggerin, studierte Turkologie, Iranistik und Germanistik. Mitherausgabe und wissenschaftliche Mitarbeit bei diversen Anthologien und Dokumentationen. Sie schreibt Essays und Romane, moderiert, dolmetscht und liest bei literarischen Veranstaltungen und übersetzte zuletzt u.a. Romane von Fakir Baykurt, Hakan Günday, Sema Kaygusuz und Murat Uyurkulak.

Abi	älterer Bruder, Anrede für Männer, die älter sind als man selbst
Abla, Ablalar	ältere Schwester, Anrede für Frauen, die älter sind als man selbst
AKP	Regierungspartei von Ministerpräsident Erdoğan
Amca	Onkel, Anrede für Männer, die deutlich älter sind als man selbst
Bey	Herr, als höfliches Anhängsel an den Vornamen
Cihat Burak	(1915-1994), türkischer bildender Künstler und Erzähler
Cimbom	Fanclub von Galatasaray Istanbul
Çarşı	Fanclub von Beşiktaş Istanbul, der sich als erster Fußballfanclub stark für die Gezi-Bewegung engagierte
Deniz Gezmiş	1972 hingerichteter Studentenführer der türkischen 68er Bewegung
#diren	»Leiste Widerstand, halte durch!« Eine der wichtigsten und verbreitetsten Parolen der Gezi-Proteste, die in immer neuen Kombinationen im Internet, in den Medien, auf Straßen und Plätzen auftauchte. Der Hashtag (#) zeigt die Verschmelzung der Realität auf der Straße mit der in den sozialen Medien im Internet.
Dschalaloddin Rumi	persischer Mystiker (1207-1273)
Efendi	Herr/Gebieter, etwas ältere höfliche Form
Fener	Fanclub von Fenerbahçe Istanbul
Gecekondu	(wörtlich: »nachts hingestellt«) ist die türkische Bezeichnung für eine informelle Siedlung, also ein Viertel mit irregulärer und meist illegaler Bebauung am Rande einer Großstadt, mit einem Slum aber nicht vergleichbar.
Hanım	Frau, als höfliches Anhängsel an den Vornamen
Kerbela	Vor der Schlacht von Kerbela (680) wurde dic kleine Truppe des Prophetenenkels Hussein tagelang von der Wasserversorgung abgeschnitten.
LGBT	Abkürzung für Lesbian, Gay, Bisexual und Trans
Melih Gökçek	türkischer Politiker und seit 1994 Oberbürgermeister von Ankara
Mesnevi	literarische Gattung von Doppelversen, Titel des Hauptwerkes des Dschalaloddin Rumi

Ruhi Su	(1912-1985), legendärer armenisch-türkischer Volkssänger mit klassischer Ausbildung, für seine politischen Lieder bekannt
Scheich Bedreddin	(1358-1420), osmanischer Rechtsgelehrter, Sufi und Rebell, der als Freidenker und frühkommunistisch-egalitärer Held gilt, Nâzım Hikmet widmete ihm *Das Epos von Scheich Bedreddin*.
Simit	Sesamkringel
Sucuk	türkische Knoblauchwurst
Talcid	Mittel gegen Sodbrennen und Magenbeschwerden, neben Milch wurden im Gezi-Widerstand Talcid-Lösungen gegen die Wirkung des Reizgases eingesetzt.
Teyze	Tante, Anrede für ältere Frauen, die deutlich älter sind als man selbst
Tschapulierer	türk: çapulcu, ursprünglich »Plünderer, Marodeur«, mit dieser Bezeichnung versuchte Ministerpräsident Erdoğan die Protestierenden im Gezi-Park in den ersten Tagen zu diffamieren, doch das Wort wurde sofort von der Bewegung aufgegriffen und in eine mit Stolz getragene positive Eigenbezeichnung verwandelt: Wir sind Tschapulierer! Es gehört mittlerweile zu den Schlüsselbegriffen der Bewegung und belegt ihre kreative Geisteshaltung.
Zweite Neue	Strömung in der türkischen Lyrik ab Mitte der 1950er Jahre, die sich bevorzugt apolitischer Themen wie Befindlichkeiten des Individuums, Unterbewusstsein, Einsamkeit, Sexualität, Tod und Suizid annahm. Wichtigste Vertreter waren Edip Cansever, Cemal Süreya, Turgut Uyar, Ece Ayhan und Ilhan Berk.

Zur Aussprache des Türkischen

c   wie dsch in Dschungel
ç   wie tsch in Kutsche
ğ   weiches, nicht hörbares g;
    es verbindet den voranstehenden Vokal
    mit dem nachfolgenden Buchstaben
ı   kurzes i wie das e in Katze
s   stimmloses s wie in Maus
ş   wie sch in Schmaus
z   stimmhaftes s wie in Hase